Enteignung, Einziehung, Kontrahierungszwang, Änderung der Rechtseinrichtung, Rückwirkung und die Rechtsprechung des Reichsgerichts

Von

Paul Krückmann

Professor der Rechte in Münster in Westf.

1930

Verlag von Georg Stilke, Berlin

Druck der Meyerschen Hofbuchdruckerei, Detmold

„Auf alle Fälle geht .. hervor, daß wir .. auf einem überaus schwankenden Boden stehen und daß es an der wünschenswerten Klarheit der einzelnen Vorschriften und ihres Verhältnisses zueinander durchaus mangelt. Unklar ist der Eigentums- und Enteignungsbegriff der RV., unklar ihre Beziehung zum preußischen Enteignungsgesetz und zum ALR. . ."

Rosenberg JW. 1928 S. 456.

I.

1. Gegen die Rechtsprechung des RG. zur Enteignung sind schon mehrfach Bedenken erhoben worden und Schmitt hat in JW. 1929 S. 495 ff. dem RG. Auflösung des Enteignungsbegriffes vorgeworfen. Sicher ist so viel, daß das RG. sehr vieles unter die Enteignung gebracht hat, was unter die davon verschiedene Einziehung, Konfiskation gehört; daß es Tatbestände, die dem § 75 Einl. ALR. entsprechen, als Enteignung behandelt, daß es ferner Tatbestände der Einziehung unter die Änderung der Rechtseinrichtung bringt, auch da, wo nicht einmal zulässige Rückwirkung in Frage kommt. Klarheit kann nur gewonnen werden, wenn alle diese Dinge streng geschieden werden[1]). Es genügt nicht zu sagen, dies und das sei keine Enteignung,

---

[1]) Soviel Treffendes der Aufsatz von Schmitt enthält, die letzte Lösung bringt auch er nicht. Er hält noch zu sehr an der Enteignung durch Verwaltungsakt fest, fordert Übereignung, ohne sie genau zu analysieren, und würdigt den berechtigten Kern in der Rechtsprechung des RG. denn doch nicht ausreichend. Das Ziel des RG. ist an sich berechtigt, aber es muß auf einem anderen Wege gesucht werden. Auch Hamelbeck JW. 1929 S. 714 f. sieht zu ausschließlich darauf, ob Gesetz oder Verwaltungsakt vorliegt, während dies doch unerheblich ist, wenn eine echte Enteignung vorliegt. Vor allem verkennt Hamelbeck die Rückwirkung. Einen ähnlichen Fehler begeht Schlichting JW. 1928 S. 2426, der ebenfalls die Änderung der Rechtseinrichtung verkennt. Alle diese Dinge können nicht genau genug auseinander gehalten werden. Das Nähere wird sich im Laufe der Untersuchung ergeben.

vielmehr müssen die Gegenstücke, die reine Einziehung und die gesetzliche Rückwirkung ihr eigenes Gebiet zugewiesen erhalten. Nur so wird sich der auch von dem RG. angestrebte Schutz gegen die unberechtigte Konfiskation erreichen lassen, der nicht auf Art. 153 II, sondern auf Art. 153 I RV. zu gründen ist[1]).

Das RG. glaubt die allgemeine Ansicht mit folgenden Worten wiedergeben zu können: „Denn nach der herrschenden Anschauung ist Enteignung die zwangsweise Übertragung des Eigentums an einer Sache in das öffentliche Gut gegen Entschädigung (vgl. z. B. Handwörterbuch der Staatswissenschaften Bd. 3 S. 956)“, RG. 110 S. 347.

Diese Ausführungen geben Anlaß zu schweren Bedenken. Vor allem weil der Zweck der „Enteignung“ nicht berücksichtigt wird, weil ferner nicht berücksichtigt wird, daß die Übertragung auch in die Privathand erfolgen kann, weil des weiteren nicht berücksichtigt wird, daß Enteignung auch schon vorliegen kann, wenn überhaupt nur dingliche als Hindernis wirkende Rechte zerstört werden. Dies sind nur die hauptsächlichsten und wichtigsten Abweichungen, es wird sich noch zeigen, daß das RG. selber über seine eigene Definition hinausgegangen ist.

2. Die Frage, ob die Enteignung begrifflich die gleiche ist wie vor dem Inkrafttreten der RV., wird noch erörtert werden. Immerhin sind Abweichungen im einzelnen zuzugeben. Dahin gehört vor allem die unmittelbare gesetzliche Enteignung[2]). In Wahrheit liegt hier aber, wenn man genau zusieht, kein Unterschied zwischen dem früheren und dem heutigen Rechtszustand vor.

---

[1]) In RG. 144 S. 33 ist dies richtig erkannt worden, aber ältere wie jüngere Entscheidungen gehen hierauf nicht ein, so daß der Ausspruch vereinzelt dasteht.

[2]) Reise: Die Enteignung von Rechten, Diss. Hamburg 1929 S. 88 ff.; Anschütz: Die Verfassung des Deutschen Reiches Art. 153 Anm. 8 a. E., Anm. 10 b; Schelcher: Fischers Z. 60 S. 149; Carl Schmitt: Verfassung und Verfassungslehre S. 152. Überall Nachweise. Die Frage, ob das Eigentum als Rechtseinrichtung geschützt sei, gehört nicht hierher, ist auch gegenstandslos.

Man kann zu einer zutreffenden Entscheidung kommen, wenn man sich fragt, ob nach dem Rechte vor dem BGB., aber auch nach dem Rechte vor der neuen RV. landesrechtlich eine echte Enteignung (nicht eine Konfiskation) unmittelbar durch ein Gesetz hätte vorgenommen werden können. Man unterstelle also eine Enteignung unmittelbar durch Gesetz etwa im Jahre 1910. Es würde schwerlich bezweifelt worden sein, daß Derartiges zulässig sei. Damals waren freilich ganz andere Sicherheiten gegen Übergriffe von irgendwelchen Parlamentsmehrheiten gegeben, es funktionierten vor allem auch die Imponderabilien als Aufsicht und notfalls Korrektur des Rechtslebens in ganz anderer Weise als heute. Wird man also rückblickend sagen dürfen, daß eine Enteignung, vorausgesetzt, daß sie echte Enteignung war, auch unmittelbar durch Gesetz vorgenommen werden konnte, dann ist der Folgerung auch nicht auszuweichen, warum in gesetzlicher Form verboten sein soll, was in Verwaltungsform erlaubt ist. Die Sicherheiten der Partei im Verwaltungsverfahren, auch im Verwaltungsstreitverfahren, sind heute nicht größer als ihre Sicherheiten in der Gesetzgebung. Es ist alles dasselbe. Überdies war das im Kriege geübte Beschlagnahmeverfahren im Grunde schon nichts anderes, als eine gesetzliche Enteignung, vgl. z. B. RGBl. 1915 S. 38, 65, 81, 139, 393, 508. Die dinglich wirkende Beschlagnahme oder das dinglich wirkende Verbot freier Veräußerung oder die dingliche Anwartschaft der öffentlichen Hand sind schon an sich Rechtsentziehungen. Tatsächlich war also das frühere Recht mindestens mitten auf dem Wege zu der gesetzlichen Enteignung.

Von Verordnungen gilt grundsätzlich dasselbe, wie von Gesetzen, nur muß, wie Schelcher mit Recht betont [1]), die gesetzliche Ermächtigung zu einer Enteignungsverordnung auch wirklich zweifelsfrei sein.

3. Ferner ist eine Abweichung zuzugestehen in der Frage, ob jedes subjektive Privatrecht den Schutz des Art. 153 II genießt. Das RG. hat sich vorbehaltlos dafür erklärt, RG. 103

---

[1]) Fischers Z. 60 S. 177. Die Kriegsmaßregeln wurden wesentlich als Verordnungen getroffen.

S. 200; 105 S. 253; 107 S. 375; 109 S. 319; 111 S. 130; Urt. v. 29. 6. 1923, VII 465/23; Urt. v. 20. 11. 1925, VI 306/25; LZ. 1928 S. 975. Dazu ist im allgemeinen zu sagen: Wenn das betreffende Recht ein geeigneter Gegenstand einer echten Enteignung sein kann, genießt es gegen echte Enteignung auch den Schutz des Art. 153 II [1]), z. B. Erbbaurecht, RG. 108 S. 70 ff. Gleiches würde aber auch von Pfandrecht, Nießbrauch und sonstigen Rechten an fremder Sache zu gelten haben, selbstverständlich ohne Unterschied, ob es sich um Grundstücke oder bewegliche Sachen handelt [2]).

Das Gleiche ist von Forderungen anzuerkennen, z. B. Ansprüchen des Mieters [3]). Dies läßt sich noch unterstützen. Der Mieter erhält von dem Vermieter außer dem Anspruch auf Leistung auch noch eine Ermächtigung zur Ausübung des Eigentumsrechtes [4]). Diese ist eine positive Kannbefugnis und als solche, solange das Mietverhältnis dauert, unentziehbar, darum aber durchaus für eine Enteignung geeignet, ja sogar der eigentliche Gegenstand der Enteignung. Der aus Art. 115

---

[1]) An diese in der Sache liegende Begrenzung haben, soweit ich sehe, nur Klang: Geldentwertung und juristische Methode S. 47 und Zeiler: Der Verfassungsschutz des Eigentums . . . S. 13 gerührt, der ältere Layer: Prinzipien des Enteignungsrechts S. 564 ist dieser Erwägung ebenfalls nahe gekommen. Sonst wird sie allgemein verkannt, von den Verfechtern der herrschenden Lehre, Wolff, Anschütz, wie von ihren Gegnern. Zu eng Köttgen: Grundprobleme des Wasserrechts S. 79 ff.; Hofacker: Grundrechte und Grundpflichten der Deutschen S. 36; Schmitt a. a. O.; Schelcher: Fischers Z. 60 S. 139, 169 f.; Wittmayer: Handwörterbuch der Staatswischft., Enteignung S. 739. Der Streit löst sich, wenn beachtet wird, daß der Enteignungsbegriff Grenzen zieht, auf der anderen Seite Folgerungen heischt, die die angemessene Mittellinie herstellen, vgl. das im Text folgende. Eingehend zu dieser nun wohl endgültig außer Zweifel gestellten Frage Reise a. a. O. S. 97 ff., 107 ff.

[2]) Vgl. Reise S. 101 ff., woselbst in Anm. 48 Nachweise aus dem Schrifttum und den Beschlagnahmevorschriften der Kriegs- und Nachkriegszeit.

[3]) Nachweise aus der Rechtsprechung bei Reise S. 104 Anm. 50.

[4]) Krückmann: Die Reichsgerichtspraxis im deutschen Rechtsleben III S. 80 zu Anm. 7, S. 87; RG. 105 S. 253.

RV. entnommene Beweis[1]) ist etwas weit hergeholt, mag aber gelten.

Man kommt, abgesehen von der Miete, zu praktischen Anwendungsfällen nur bei besonderen Sachlagen. Denkbarer Weise kann eine Forderung, die auf Leistung einer bestimmten Sache geht, enteignet werden, weil man den Gegenstand der Forderung, die körperliche Sache einem besseren Zweck zuführen will. Man betreibt die Enteignung also schon in dem Stadium, daß die Sache selber noch nicht erfaßbar, noch nicht beschlagbar ist und enteignet zu diesem Behufe schon die Forderung auf die Sache. Dann kommt man aber letzten Endes immer wieder auf die konkreten körperlichen Eigenschaften der konkreten körperlichen Sache hinaus. Nur die Sache entspricht unmittelbar dem Erfordernis einer besseren Benutzungsmöglichkeit, s. u. Immerhin würde dies ausreichen, wenn man sich nur vorstellen könnte, daß solche Fälle praktisch vorkommen werden. Es wäre doch merkwürdig, nicht die Sache zu enteignen, sondern bei der Forderung auf die Sache anzufangen. Doch soll die theoretische Möglichkeit zugegeben werden.

Besser steht es um folgenden Tatbestand. Der Staat muß sich die Früchte irgendeiner Erfindertätigkeit, irgendwelcher wissenschaftlicher Untersuchungen, technischer oder wissenschaftlicher Versuche sichern und enteignet die Forderung einer Privatperson auf diese wissenschaftlichen oder technischen Leistungen. Dieser Fall geht auch in anderer Hinsicht aus dem Gebiet des rein Körperlich-Sachlichen heraus, da es sich um den Erwerb von etwas Unkörperlichem, von Verfahrensarten und dergl. handelt. Dies ist ein sicherer Fall, in dem die Enteignung durch etwas Unkörperliches gerechtfertigt wird, zugleich aber, wenn er einmal praktisch werden sollte, der Beweis, daß die Enteignung auch andere als dingliche Rechte muß umfassen können. Beispielsweise können die angestellten Erwägungen unter Umständen auch auf eine Vermächtnisforderung zutreffen. Man wird also theoretisch zugeben

---

[1]) Reise a. a. O. S. 100; Anschütz zu Art. 115, woselbst in Anm. 2 Nachweise.

müssen, daß auch andere als dingliche Rechte enteignet werden können[1]).

Einen Beleg hierfür kann man auch in §§ 5 II, 11 PatG. finden, in denen eine Enteignung besonderer Art unter ihre besondere Regel gestellt ist. Der Tatbestand entspricht sonst dem Enteignungsbegriff: Enteignung wegen der konkreten Eigenschaften der Erfindung; Richtung nur gegen die Erfindung, nicht gegen die Person; außerdem Entschädigungspflicht, s. u. V.

Keinesfalls ist die Enteignung anzuwenden auf die reinen Geldforderungen, wenn sie nur um der Bereicherung willen eingezogen oder umfänglich oder dem Leistungsgegenstand nach vermindert werden[2]). Entsprechendes gilt von an sich enteignungsfähigen Rechten, z. B. Aktien, die durch einen gesetzlichen Eingriff nicht ihres Benutzungs- und Verfügungsrechtes wegen aus der Hand der Inhaber genommen werden, sondern deren „Enteignung" darin bestehen soll, daß ihr Geldwert verringert wird, ohne daß an der Inhaberschaft etwas geändert wird. Das traf zu bei der Goldbilanzenverordnung, während für das erste die dritte Steuernotverordnung und die Aufwertungsgesetzgebung die Beispiele sind, vgl. RG. 107 S. 370; 111 S. 320; 113 S. 6; dazu das Tausendmarkscheinurteil, RG. 114 S. 33[3]). Schon aus dem Grunde, daß es sich bei den gesetzgeberischen Eingriffen nicht um Gewinnung einer besseren Benutzungsmöglichkeit, s. u., handelte, mußte jede Erwägung aus der Enteignung aus-

[1]) Schelcher: Fischers Z. 60 S. 143 sieht als enteignungsfähig außer den dinglichen Rechten nur noch sonstige absolute Rechte an. Das ist insofern richtig gefühlt, als diese Rechte Benutzungsrechte sind und es sich bei Enteignung immer um Zuführung zu einer Benutzung handelt. Aber das Argument ist formal, nicht materiell, entscheiden muß die materielle Benutzungsmöglichkeit, s. u.

[2]) Zeiler: Der Verfassungsschutz des Eigentums und das Aufwertungsgesetz S. 11. Es wird sich noch wiederholt zeigen, daß maßgebend für die Entscheidung, ob Enteignung oder bloße Einziehung, Konfiskation, vorliegt, der Zweck ist, zu dem die Wegnahme, Schmälerung usw. geschieht.

[3]) Vgl. hierzu die leider nur referierende Übersicht bei Hedemann: Reichsgericht und Wirtschaftsrecht S. 125 ff.

scheiden[1]). Das haben Zeiler a. a. O. und die von ihm zitierten Klang und Pollak richtig gesehen, irgendeine bessere Benutzungsmöglichkeit wurde durch den gesetzgeberischen Eingriff nicht eröffnet. Das gleiche gilt von der lippischen Rente, RG. 103, S. 202. Ihre Einziehung wurde von dem RG. richtiger Weise als rein finanzielle Maßnahme anerkannt. Dagegen wurde wieder mit Recht die Enteignung von ausländischen Devisen anerkannt, RG. 110 S. 344. Der Zusammenhang mit der Benutzung ist aber auch gewahrt. Die VO. richtete sich gegen bestimmte Sachen, nicht gegen bestimmte Personen, forderte diese Sachen ein, nicht um der bloßen Bereicherung willen, sondern gewährte ausdrücklich Entschädigung. Auch konnte, wie das RG. mit Recht dargelegt hat, von einer Steuer keine Rede sein. Die Devisen waren abzuliefern mit Rücksicht auf unsere Zahlungsbilanz gegenüber dem Auslande, es wurde also eine Benutzung bezweckt, die unter den damaligen Verhältnissen eine bessere Stützung unserer Zahlungsbilanz versprach, als die private Auszahlung durch den privaten Eigentümer oder gar als die völlige Zurückhaltung dieser Devisen. Man kann den Ton auf die bessere Benutzung legen, aber auch auf die Zuführung zur eigentlichen Benutzung überhaupt.

Ebenso darf man den Enteignungsbegriff auf die Maßnahmen gemäß §§ 13, 16; 9, 14 des Reichsausgleichsgesetzes anwenden, denn das Ziel war eine besondere Benutzung der Forderungen im Dienste des Deutschen Reiches. Es sollte zwar, wie bei den Devisen, der Kapitalwert benutzt werden, aber diese Benutzung ging über den Zweck der bloßen Bereicherung hinaus. Wenn das Reich sich nur bereichern wollte, hätte es alle ausstehenden Forderungen sich aneignen müssen, hat es aber nicht getan. Es hat nur bestimmte Forderungen enteignet, weil es ihrer bedurfte, um dem Friedensvertrage gerecht zu werden.

---

[1]) Triepel in seinem Gutachten Goldbilanzverordnungen und Vorzugsaktien, insbesondere S. 16 ff., geht von einem Begriffe aus, der die Einziehung mit umfaßt. Um eine Einziehung handelt es sich allerdings in allen diesen Fällen. Wir kommen noch darauf zurück.

Daß die vorstehenden Erwägungen durch das Enteignungsgesetz zur Ausführung des Friedensvertrages vom 31. 8. 1919 nur erhärtet werden, liegt so auf der Hand, daß weiteres hierzu überflüssig ist.

In LZ. 1928 S. 975 = JW. 1928 S. 1449 bezeichnet das RG. als geeigneten Gegenstand der Enteignung auch die subjektive Gewerbefreiheit. Das ist in dieser Form bedenklich. Wohl läßt sich durchaus halten, daß ein Eingriff in den eingerichteten Gewerbetrieb Enteignung sein kann, denn der eingerichtete Gewerbebetrieb ist zwar kein Gegenstand eines subjektiven Rechtes, wohl aber Gegenstand des Besitzes[1]) und das genügt. Insofern steckt in jedem staatlichen Monopol nicht bloß eine Beschränkung der Gewerbefreiheit, vielmehr werden alle eingerichteten Betriebe unmittlbar von einer Enteignung betroffen. (Aufhebung von Privatpostanstalten, Kommunalisierung der bisherigen privaten Abfuhr, Schlachthof und Schlachthofzwang, schweizerisches Phosphorverbot u. a.)

Jedoch der Eingriff in die Gewerbefreiheit selber ist niemals eine Enteignung, solange als man das subjektive Gewerbefreiheitsrecht als ein subjektiv öffentliches und nicht ausschließlich als privates Persönlichkeitsrecht ansieht. Außerdem ist zu scheiden, ob eine einzelne Person von dem Eingriff betroffen wird, oder ob die Gewerbefreiheit für alle ausgeschlossen wird. Die Franzosen hatten im besetzten Gebiet den Betrieb einer privaten Flugzeugfabrik verboten. Dies war ein allgemeines Verbot, wären mehr dagewesen, so wären auch sie verboten worden. Also lag nur scheinbar ein Einzeleingriff vor, in Wirklichkeit ein allgemeines Verbot. Die Gewerbefreiheit war im Flugzeugbau ganz allgemein außer Funktion gesetzt. Darum lag wohl ein Tatbestand vor, der begrifflich unter § 75 Einl. ALR. gepaßt hätte, aber niemals eine Enteignung war.

Überdies geht die Enteignung über die Einwirkung auf subjektive Privatrechte nicht hinaus. Reise a. a. O. S. 109 ff.,

---

[1]) Krückmann: Die Reichsgerichtspraxis im deutschen Rechtsleben III S. 111. 112

vgl. auch S. 45 daselbst, will auch die vermögenswerten öffentlichen Rechte einbeziehen. Derartiges hat das RG. in JW. 1929 S. 2332 ausdrücklich und mit Recht abgelehnt und hat insofern wenigstens den Zusammenhang mit dem älteren Rechte gewahrt. In diesen Fragen muß anders geholfen werden[1]).

II.

1. Die Frage, ob Enteignung stets Übereignung sein muß[2]), sei es auch nur in der Form, daß für den Begünstigten gleichartige Rechte entstehen (Wolff), beantwortet sich aus dem Zweck der Enteignung. Die geläufige Formel verlangt, daß irgendwelche Rechte (wegen der konkreten Eigenschaften der konkreten Sache, auf die sich die Rechte beziehen) in dieser oder jener Form einem bestimmten konkreten Zwecke „zum Wohle der Allgemeinheit" dienstbar gemacht werden sollen. Diese Formel, mit der ich mich früher begnügt habe[3]), ist aber schärfer zu fassen.

Zweck der Enteignung ist immer eine bessere Benutzungsmöglichkeit der Sache, und zwar auf Grund der konkreten Eigenschaften dieser Sache. Dies wird durch jeden bisher bekannten Fall einer echten Enteignung so umfassend belegt, daß besondere Nachweise nicht erforderlich sind. Die bessere Benutzung[4]) entscheidet. Das RG. hat — an sich richtig — sich einstweilen damit geholfen, daß es rein fiskalische Vermögenseinziehungen aus dem Enteignungsbe-

---

[1]) Es kommt ferner in Betracht, daß die scheinbare Enteignung oft eine Rückwirkung sein wird.

[2]) Nachweise hierzu bei Wittmayer a. a. O. S. 733; Anschütz a. a. O. Anm. 6, 7, 9; Furler in VerwArch. 33 S. 396 ff.; vor allem aber Reise a. a. O. S. 90 ff. Aus der hier vertretenen Auffassung: Erzielung einer besseren Benutzung, ergibt sich, daß die Zerstörung von rechtlichen Hindernissen ebenfalls Enteignung sein kann.

[3]) LZ. 1922 S. 394 ff., Enteignung und Einziehung nach alter und neuer Reichsverfassung S. 3.

[4]) Vgl. auch Wittmayer a. a. O. S. 739; Reise a. a. O. S. 91, 93.

griff des Art. 153 RV. herausnahm, RGZ. 103 S. 202[1]).
Scheidet aber die bloß finanziell-fiskalische Vermögensverbesserung aus, dann kann es sich nur noch darum handeln, daß eine bessere Benutzungsmöglichkeit geschaffen werden soll, ein Drittes ist nicht denkbar. Zwischen den Gegensätzen: Verkaufswert, Kapitalwert einerseits, Benutzungswert andererseits pendelt alle Vermögensverbesserung und damit alle Verbesserung der Ausnutzung hin und her. In der Tat kann der Angriff auf ein konkretes Eigentumsrecht doch nicht schon dadurch gerechtfertigt werden, daß bloß der Eigentümer wechseln soll.

Immerhin ist die Formel, Zuführung zu einem besseren Zweck, Gewinnung einer besseren Benutzungsmöglichkeit, wenngleich im wesentlichen richtig, noch etwas zu eng. Es kann auch in Frage kommen Zuführung zu einer angemessenen Benutzung überhaupt oder zu der dem Gegenstand entsprechenden Benutzung überhaupt. Das ist der Fall, wenn vorgeschrieben wird, daß der Grundstückseigentümer oder der Finder oder überhaupt der Besitzer vorgeschichtliche Fundstücke abzuliefern hat[2]). Dann wird die eigentliche Benutzungsform erst gewährleistet, wenn das Fundstück der Öffentlichkeit, insbesondere auch der wissenschaftlichen Forschung allgemein zugänglich gemacht und nicht ausschließlich einer einzelnen Person oder einem kleinen Kreis von Personen vorbehalten wird. In Betracht kommt, welchen Ge-

[1]) Genauer liegt die Sache so: RG. erklärt nicht, daß keine „Enteignung" vorliege, sondern daß die Enteignung gegen die RV. verstößt, weil keine „zum Wohle der Allgemeinheit" vorgenommene Maßregel vorliege. Die Beschränkung der Enteignung auf Gewinnung einer besseren Benutzung ist in dieser Entscheidung nicht enthalten. Gleiches gilt von dem Erkenntnis über die anhaltische Kohlenrente, RG. 109 S. 317ff.

[2]) Nachweise bei Fischer-Henle Anm. zu Art. 111 EGBGB., Reise a. a. O. S. 122 ff. Alle bei Reise angeführten Gesetze, soweit sie nicht zur bloßen Sozialisierung um der Sozialisierung willen gehören, beweisen, daß es auf die objektiv bessere Benutzbarkeit ankommt. Selbst die Sozialisierung will auf eine vermeintliche bessere Benutzbarkeit hinaus.

fahren solche Fundstücke in unverständigen Händen ausgesetzt sind. Schon diese Erwägung: Rettung der Fundstücke vor der Vernichtung durch Unverstand reicht aus, um eine Enteignung oder den enteignungsähnlichen Tatbestand der Ablieferungspflicht zu rechtfertigen. Man bleibt damit immer noch innerhalb des Begriffserfordernisses: Rechtfertigung der Enteignung durch die konkreten Eigenschaften der konkreten Sache. Richtung nur gegen die Sache, nicht gegen die Person. Dies selbst dann, wenn nicht das Eigentum entzogen, sondern der Erwerb des Eigentums dem Finder bloß vorenthalten wird. Die Grundlage bleibt im wesentlichen dieselbe. Zuführung zum besseren oder zum eigentlichen Zweck, Verhinderung der Zuführung zum schlechteren Zweck, der schlechteren Benutzung, der Nichtbenutzung, der Vernichtung jeder Benutzung.

Aus dem Vorstehenden folgt, daß, bevor die Frage aufgeworfen wird, ob Enteignung Übereignung sei, die andere Frage zu klären ist, was die Enteignung eigentlich bezweckt. Bezweckt sie eine bessere Benutzung, dann liegt mindestens überall da Enteignung vor, wo die bessere Benutzung durch zivilrechtliche Rechtsänderungen irgendwelcher Art herbeigeführt wird. Das wird sich an folgendem sogleich zeigen.

2. In welcher technischen Form die Zuführung zu einer besseren Benutzung oder zur Benutzung überhaupt erfolgt, ist gleichgültig. Mit Recht werden z. B. in der Aufzählung bei Fischer-Henle Anm. zu Art. 109 EGBGB. Gesetze aufgeführt, die sich auf Anlegung von Röhrenleitungen und Kanalisationen durch fremde Grundstücke usw. beziehen.

Darum ist zuzugeben, daß auch eine Enteignung in der Vernichtung von Verbotsdienstbarkeiten gefunden werden kann[1]). Technisch konstruktiv liegt hier die Sache eigenartig. Die Vernichtung der Dienstbarkeit richtet sich gegen das herrschende Grundstück, aber nicht dieses soll einer besseren Benutzung zu-

[1]) Vgl. Schelcher: Fischer Z. 60 S. 171 f. Eine unbedingte Notwendigkeit der Rechtsübertragung habe ich übrigens nie behauptet, sondern nur etwas Grundsätzliches, das deswegen aber auch Ausnahmen verträgt.

geführt werden, sondern das dienende Grundstück soll zum Wohle der Allgemeinheit entweder überhaupt für die Benutzung freigemacht, oder es soll einer besseren Benutzung zugänglich gemacht werden. Durch die Begründung der Dienstbarkeit wurde das Eigentum am dienenden Grundstück rechtlich aufgeteilt in Form der qualitativen Teilung. Es befand sich danach teilweise in der Hand des Eigentümers des herrschenden Grundstücks. Dieser in der Hand des Eigentümers des herrschenden Grundstücks befindliche Bestandteil des Eigentums am dienenden Grundstück wird enteignet. Die Enteignung trifft also genau das Grundstück, das einer besseren Benutzung zugänglich gemacht werden soll. Es bleibt bestehen, daß Ziel der Enteignung die Zuführung zu einem besseren Zweck ist, daß dieser Zuführung der betroffene Gegenstand dienstbar gemacht wird.

Daß auch eine teilweise, also irgendwie beschränkte Enteignung vorkommen kann und zulässig sein muß, ist selbstverständlich, vgl. RG. 105 S. 253. Die ganze Rechtsprechung zum Wohnungsmangel- und Zwangsmietrecht, RG. 102 S. 165; 105 S. 253; 108 S. 252; 111 S. 226; 112 S. 191; JW. 1924 S. 800; 1925 S. 1394 = Warneyer 1925 Nr. 137 = LZ. 1925 S. 774 geht davon aus. Freilich bleibt offen, ob nicht zunächst Kontrahierungszwang anzunehmen ist, doch ändert dies nichts, vgl. u. VIII.

Aber auch folgendes läßt sich rechtfertigen: Ersetzung der Enteignung dadurch, daß der Grundeigentümer zu einer ewigen Pacht oder Miete gezwungen wird. Kraft Schlusses von dem Größeren auf das Kleinere muß dies zulässig sein. Überhaupt die ganze Zwangsmiete gehört hierher. Nicht bloß in ihrer Richtung gegen den Eigentümer, auch in ihrer Richtung gegen den zur Untermiete gezwungenen Mieter. Er wird nicht bloß zu einer Leistung verpflichtet, dies würde reiner Kontrahierungszwang sein, sondern ihm wird auch die Ermächtigung, s. o. S. 6, zur Benutzung der Wohnung genommen und einem anderen gegeben. Hier kommt es aber weniger auf den Verlust einer schon bei einem Mieter vorhandenen Kannbefugnis als darauf an, daß der Eigentümer nicht vermieteter Räume zur entgeltlichen Überlassung der Benutzung gezwungen wird, also gezwungen wird, eine Ermächtigung zu geben, die er bisher noch nicht gegeben hatte.

Denkbarer Weise könnte ein Grundstück auch bloß herrenlos gemacht, zugleich für verkehrsunfähig erklärt und dem Gemeingebrauch unterworfen werden, vgl. auch die zu besprechende Entscheidung des RG. 118 S. 26. Derartiges würde dem Enteignungsbegriff durchaus entsprechen, obgleich das Eigentum nur vernichtet und nicht übertragen wird, zivilrechtliche Befugnisse überhaupt nicht und öffentlich-rechtliche nur in beschränktem Umfang begründet werden.

3. Das RG. hat eine Enteignung darin erblickt, daß auf Grund des Hamburger Denkmal- und Naturschutzgesetzes ein Grundstück als Umgebung eines in die Denkmalliste eingetragenen „Baudenkmals", „Galgenberg", in die Denkmalliste eingetragen wurde, RG. 116 S. 268 ff.[1]). Diese Eintragung hatte zur Folge, daß dem Eigentümer von der Denkmalschutzbehörde die Ausschachtung von Sand und Kies verboten wurde. Wegen dieses Verbotes, das er im Verwaltungswege vergeblich angefochten hatte, machte er Ersatzansprüche gegen den Staat geltend und erhielt auch Entschädigung zugesprochen. Die Eintragung nahm dem Eigentümer die Möglichkeit, alle die Befugnisse auszuüben, deren Ausübung mit dem Zweck des Denkmalschutzes in Widerspruch stand. Frage: War dies eine privatrechtliche oder eine öffentlich-rechtliche Beengung? M. a. W. bewirkte die behördliche Handlung einen privatrechtlichen Rechtsverlust oder ließ sie das Privatrecht unberührt, und richtete sie nur öffentlich-rechtliche Schranken auf? Das RG. hat den Vorgang als Enteignung behandelt. Die Entscheidung hängt davon ab, welche Zwangsmittel Hamburg gegen den widerstrebenden Eigentümer hat, zivilrechtliche oder öffentlich-rechtliche. Im ersten Fall muß Hamburg klagen, im zweiten Fall erledigt es den Streit einseitig durch öffentlich-rechtlichen Verwaltungsakt. Also entweder

---

[1]) Vgl. hierzu Rieß LZ. 1928 S. 221; Furler S. 397 ff., 460 ff.; Meyer JW. 1927 S. 2977, R. u. Pr. VerwBl. 49 S. 130.

hat die Denkmalschutzbehörde eine Verbotsdienstbarkeit des bürgerlichen Rechtes oder sie hat öffentlich-rechtliche Verbotsbefugnisse. Im ersten Fall gehört die Verbotsdienstbarkeit in das Grundbuch. Eine Erkundigung an zuständiger Stelle ergab, daß die Denkmalschutzbehörde sich durch öffentlich-rechtlichen Verwaltungsakt hilft [1]). Dann aber hat es mit der Enteignung seine Schwierigkeiten. Bisher ging man allgemein doch davon aus, daß irgendeine zivilrechtliche Wirkung und Rechtsveränderung, sei es ein dinglicher Rechtsverlust oder enteignungsähnlich, s. u. VIII, mindestens eine zivilrechtliche Verpflichtung vorliegen muß. Da beides nach dem Hamburger Gesetz ausgeschlossen ist, müßte der Entschädigungsanspruch des Eigentümers anders als aus Art. 153 RV. begründet werden. Dann liegt an sich jener Fall vor, über den der Streit besteht, ob für den durch öffentlich-rechtliche Eingriffe angerichteten Schaden Ersatz zu geben ist [2]). Aber man muß vielleicht zwischen den Zeilen lesen.

Die Härte für den Hamburger Grundeigentümer lag in der unvorhergesehenen Überraschung durch die Eingriffe des Denkmal- und Naturschutzgesetzes. Auf Veränderungen im Baupolizeirecht ist heute jeder gefaßt und eingerichtet, man hat sich gewöhnt, damit zu rechnen. Ein Schutzgesetz nach dem Muster des Hamburger entwertet überraschend manche Grundstücke in der ersten Zeit seines Bestehens. Dem hätte Rechnung getragen werden müssen, und dem müßte bei jeder solchen Neueinführung des Denkmal- und Naturschutzes Rechnung getragen werden.

Als Folgerung aus dieser Rechtsprechung liegt nahe, daß jeder öffentlich-rechtliche Eingriff, der nicht auf Beseitigung

---

[1]) Furler S. 400 folgert aus dem Urteil, daß Enteignung jeder besondere Eingriff in private Vermögensrechte sei. Also auch rein öffentlich-rechtliche Behinderungen in der Ausübung ohne privatrechtlichen Substanzverlust. Meyer, an beiden Stellen, schließt sich ebenfalls vorbehaltlos dem RG. an.

[2]) Kurze Übersicht bei Auerbach JW. 1924 S. 788 ff.; Schelcher a. a. O. S. 150; Fleiner Institutionen § 18 Anm. 1, bei denen Nachweise zu finden sind.

eines an sich unerlaubten Zustandes[1]), gerichtet ist, entschädigungspflichtig macht.

Das RG. hat selber schon den Weg gewiesen mit seiner bedeutungsvollen allgemeinen Darlegung in RG. 113 S. 306. Wenn diese Worte nicht ein gelegentlich aufgesetztes Licht sind, sondern mehr bedeuten, wollen sie vermutlich als ein Fühler gewürdigt werden, der das Echo der juristischen Welt wecken soll. Es heißt dort:

„Wird kraft staatlichen Hoheitsrechtes in die bürgerliche Rechtssphäre einer Privatperson eingegriffen, so geschieht dies grundsätzlich im Interesse der staatlichen Allgemeinheit. Es entspricht den für einen Rechtsstaat unabweislichen Grundsätzen von Recht und Billigkeit, daß der so im Interesse der Allgemeinheit verursachte Schaden nicht dem zu seiner Abwendung unbefugten Einzelnen, sondern der Allgemeinheit zur Last fällt. Dieser Gedanke ist bereits in § 75 Einl. ALR. zum Ausdruck gekommen und erst nachträglich, insbesondere durch die preußische Kabinettsorder vom 4. 12. 1831 eingeschränkt werden. Er ist aber in der neueren deutschen Gesetzgebung wieder zum Durchbruch gelangt; z. B. im Reichsgesetz vom 22. 5. 1910 über die Haftung des Reichs für seine Beamten und im Art. 131 der Reichsverfassung vom 11. 8. 1919 für die Fälle einer Schädigung durch Amts-

[1]) Es ist doch ein grundlegender Unterschied, ob der Eingriff in die Habe eines Menschen durch einen an sich unerlaubten Zustand oder aus anderen Gründen gerechtfertigt werden muß. An sich ist doch jeder, bei dem ein an sich unerlaubter Zustand besteht, der nächste, den daraus entstehenden Schaden zu tragen. Dieser Schaden wird nur scheinbar durch den behördlichen Eingriff (causa proxima) verursacht, in Wirklichkeit ist seine eigentliche Ursache der an sich unerlaubte Zustand, auf den der notwendige Eingriff zurückzuführen ist (causa remota). Ich komme in dieser Frage sehr weit mit Furler S. 340 ff., insbesondere S. 405 ff. zusammen. Er geht von den notrechtlichen Eingriffen aus, das reicht jedoch nicht, denn die notrechtlichen Eingriffe können durch einen an sich erlaubten wie durch einen an sich unerlaubten Zustand ausgelöst sein. M. E. wird man die Tatbestände nicht vom Standpunkte der Behörde, sondern von dem Standpunkte des Betroffenen aus anfassen müssen, um die gerechte Scheidung zu gewinnen.

pflichtverletzung, ferner in der Enteignungsgesetzgebung auch bei nicht schuldhaften Eingriffen, sowie im § 26 GWO. usw. Eine gesunde Rechtsentwicklung führt über die Beschränkung jenes Grundsatzes auf die genannten Fälle hinaus zu seiner Anwendung auch auf solche Eingriffe in das bürgerliche Rechtsleben, die ohne Verschulden der Staatsorgane im öffentlichen Interesse den Einzelnen in den ihm an sich zustehenden Rechten schädigen (vgl. RG. 58 S. 130; 64 S. 183; 70 S. 150; 79 S. 428; 101 S. 105; 104 S. 19, 20 u. a.) und ist mit den berechtigten Interessen der Allgemeinheit nicht nur vereinbar, sondern eng verbunden[1]." Gesprochen sind diese Worte im Anschluß an die Entscheidung, in der das Reich für haftbar erklärt wurde, als ein deutsches Torpedoboot bei befehlsgemäßer Hilfeleistung an einem gestrandeten Fährschiff das Telegraphenkabel der Klägerin mit dem Anker faßte und beschädigte. Es wurde verneint, daß ein hoheitsrechtlicher Eingriff vorliege, vielmehr gesagt, daß sich alles im Gebiet des Privatrechtes halte. Dennoch hing das RG. die grundsätzliche Erörterung an die Entscheidung. Da fragt sich, ob damit auf einen Grundsatz losgesteuert werden soll, der den § 75 Einl. ALR. verallgemeinernd auf ganz Deutschland anwendet. Das wäre an sich sehr zu begrüßen und es wäre bedauerlich, wenn dem RG. auf diesem Wege Schwierigkeiten gemacht würden. Dann würde sich auch seine ganze Rechtsprechung zur Enteignung erklären, von der die Maske abgenommen werden kann, wenn erst die von dem RG. möglicherweise angestrebte Neuerung sich durchgesetzt hat. Einen ähnlichen Gedanken hat schon Furler a. a. O. S. 414 ff., insbesondere S. 420 ff., ausgesprochen, da er eine Richtungsänderung bei dem RG. vermutet. Derartiges geht natürlich nicht ohne Unebenheiten und Widersprüche, über die bei Furler eingehend berichtet wird. Jedenfalls würde mit dem öffent-

[1]) Sperrdruck rührt von mir her. Zu beachten ist, daß keine Einschränkung hinsichtlich der bloß privatrechtlichen Wirkungen des Eingriffs gemacht ist.

lich-rechtlichen Auftrag und der öffentlich-rechtlichen Zwangsgeschäftsführung alles erheblich vereinfacht werden, so daß auch der Fall des schuldlos rechtswidrigen Eingriffes sich ungezwungen decken läßt, s. u. S. 20.

Falls also das RG. eine solche Entwicklung im Auge hat, die allerdings von der Enteignung weitab führt, lassen sich die Unebenheiten und schweren Widersprüche in seiner Rechtsprechung zur Enteignung als vorübergehende Erscheinung tragen. Man muß dann eben hoffen, daß sich später beides sondert, Enteignung und Haftung aus sonstigen öffentlich-rechtlichen Eingriffen. Jedenfalls aber ist unvermeidlich, daß die jetzige Rechtsprechung so oder so irgendwie geklärt wird [1]).

Es ist keineswegs Zweck dieser Zeilen, die Entwicklung, die die Rechtsprechung des RG. in dieser Hinsicht genommen hat, zurückzuschrauben, im Gegenteil, aber wir müssen auf eine Sonderung der drei ganz verschiedenen Dinge lossteuern: Enteignung, Einziehung und sonstige öffentlich-rechtliche Eingriffe. Man bringt solche Tatbestände, wie die Beengung des Eigentümers eines in der Nähe eines geschützten Kunst- oder Naturdenkmals liegenden Grundstückes nur sehr gezwungen bei der Enteignung unter. Die Hilfeleistung aus dem Enteignungsrecht heraus ist Notbehelf. Gewinnen wir durch die Rechtsprechung des RG. den allgemeinen in RG. 113 S. 306 entwickelten Grundsatz, dann sieht sich das ganze Enteignungsproblem sofort anders an. Die Fremdkörper können ausgeschieden und alles kann bei seinem richtigen Namen genannt werden. Der Weg aus dem Labyrinth führt über die Verallgemeinerung des § 75 Einl. ALR., möge das RG. ihn ruhig weitergehen. Seine Tat wird eine Erlösung sein.

Abzulehnen ist freilich die Ansicht Furlers, S. 404, der in Art. 153 alle Bestimmungen nach Muster von § 75 Einl.

[1]) Man darf auch nicht mit Rieß LZ. 1928 S. 234, die Fälle des § 904 als enteignungsähnlich behandeln. Auch dies führt zu der von Wittmayer mit Recht getadelten Zersetzung, Entartung des Enteignungsbegriffes, a. a. O. S. 731, 737 f., 741. Schließlich käme man auch zu der eigentümlichen Folgerung, daß der operierende Militärarzt den Reichswehrangehörigen um seinen Blinddarm enteignete. Wohin kommen wir damit.

ALR. aufgehen lassen will, also nichts Geringeres behauptet, als daß wir den allgemeinen Rechtssatz, auf den das RG. hinzusteuern scheint, schon haben. So weit sind wir leider denn doch noch nicht. Diese Aufschwemmung des Enteignungsbegriffes verschließt die Möglichkeit, alle die Tatbestände nach ihrem eigenen Begriff und Recht zu behandeln, die nur eine öffentlich-rechtliche Behinderung in der Rechtsausübung darstellen, mit einer privatrechtlichen Substanzentziehung aber nichts zu tun haben [1]).

Rechtfertigen ließe sich die allgemeine Haftung für verwaltungsrechtliche Eingriffe in die Rechtsausübung unter dem Gesichtspunkt des Auftrages oder der Zwangsgeschäftsführung. Wenn ein Kaufhaus, vor dessen Fenster sich die Neugierigen massenhaft anstellen, den Verkehr sperren und sich selber gefährden, gezwungen wird, den die Zuschauer anlockenden, an sich einwandfreien Gegenstand aus dem Fenster zu entfernen, muß das Kaufhaus gezwungenerweise die Geschäfte der Allgemeinheit besorgen. Dafür muß dann aber die Allgemeinheit auch wieder (nach dem Muster des BGB., Auftrag) aufkommen und es entschädigen. Ein typisches Beispiel hierfür ist der Trierer Straßenkeller, über den im RG. 64 S. 184 ff. ein schönes, feines Urteil mitgeteilt ist. Jeder Befehl einer Behörde ist im Grunde nichts anderes als ein (öffentlich-rechtlicher) Auftrag [2]). *Es kommt nur darauf an, was zu diesem Auftrag Veranlassung gegeben hat.* Sollte die Allgemeinheit gegenüber einem an sich berechtigten Zustand oder einem an sich berechtigten Verhalten einen ihr bisher fehlenden Vorteil gewinnen, wollte sie sich also irgendwie verbessern, so ist nicht ab-

---

[1]) Es gehört aber noch zur Substanzentziehung, wenn das Mieteinigungsamt es ablehnt, die Vollstreckung eines Räumungsurteils zu genehmigen. Dies ist im Grunde etwas rein prozessuales, vgl. dazu Baak R. u. Pr. VerwBl. 49 S. 17. Dem Mieter wird die Ermächtigung erhalten, die Rechte des Eigentümers weiter auszuüben.

[2]) Die Ausführungen des RG. in RG. 64 S. 184 ff. beweisen m. E., daß der Gedanke des öffentlich-rechtlichen Auftrages oder der öffentlichen-rechtlichen Zwangsgeschäftsführung in der Luft liegt.

zusehen, warum nicht mittels des Begriffes des öffentlich-rechtlichen Auftrages endlich den Tatbeständen ihr Recht gegeben werden sollte, nach dem sie geradezu schreien. Hat doch das preußische OVG. die öffentlich-rechtliche Geschäftsführung ohne Auftrag weitgehend anerkannt [1]).

Mit Hilfe dieser Vorstellung der Zwangsgeschäftsführung könnten wir schon heute den Grundsatz des § 75 Einl. ALR. uneingeschränkt verallgemeinern, zumal im öffentlichen Recht eine andere als die Zwangsgeschäftsführung nicht vorkommen kann. Das ergibt zugleich die Grenze gegenüber jenen Tatbeständen, wo der zu unterdrückende Zustand oder die zu verbietende Handlung schon an sich verboten sind (Fortbenutzung eines baufälligen Wohnhauses). Was zur Unterdrückung derartiger Zustände und Handlungen zu geschehen hat, muß auf Kosten des Beteiligten gehen [2]).

Nur diese Erwägungen vermögen den in RG. 105 S. 253 in der Not auf Art. 153 II gestützten Anspruch des enteigneten Mieters auf Entschädigung für Änderungs- und Herstellungsarbeiten an und in den enteigneten Räumen zu rechtfertigen. Das RG. hat sich außer auf Art. 153 auf das Vorbild des preußischen Enteignungsgesetzes berufen, das auch dem Mieter eine Entschädigung gewährt. Aber es muß

---

[1]) Vgl. Friedrichs ABR. 42 S. 79.

[2]) Der Streit über das Wort „polizeiwidrig“ ist mir bekannt, vgl. Peters: Die Polizeiwidrigkeit und ihre Beziehungen zur Rechtswidrigkeit, VerwArch. 29 S. 369 ff. M. E. muß es auf die Scheidung hinauskommen: Wer etwas an sich Erlaubtes tut, hat dadurch noch nicht die Lage der Allgemeinheit verschlechtert, dennoch kann es wünschenswert sein, den Zustand, die Handlung zu unterdrücken; wer aber etwas an sich Unerlaubtes tut, verschlechtert dadurch immer die Lage der Allgemeinheit und muß die Folgen auf seine Kosten beseitigen. Hier ist die Unterdrückung des Zustandes, der Handlung immer wünschenswert. Die Frage, ob die Behörde ein Verschulden trifft, ist etwas ganz anderes und daneben untergeordnet. Entscheidend ist, daß erkannt wird, wie ausschließlich es auf den Tatbestand ankommt, der der Behörde zum Einschreiten Veranlassung gibt. Ich kann nur wiederholen: Von dem Tatbestand aus sind die Dinge zu sehen, nicht von der Behörde aus.

bestritten werden, daß die Kosten für die dem Mieter aufgegebene Herrichtung der Lager- und Ausstellungsräume als Wohnräume zu der Entschädigung gehören, die wenigstens nach Art. 153 RV. ihm geschuldet wird. Kraft des Enteignungsaktes hatte der Mieter nur zu beanspruchen, was er durch die Entziehung der Benutzung verlor, zum Ersatze der Aufwendungen für die Herrichtung der bisherigen Lager- und Ausstellungsräume als Wohnräume reichte es nicht. Diesen Ersatz konnte er nur unter dem Titel verlangen, daß er eine behördliche Anordnung zu erfüllen hatte, zu der er nicht etwa durch gefahrdrohendes Verhalten oder dergleichen, auch nicht durch gefährliche Eigenschaften einer ihm gehörenden Sache oder dergleichen, Anlaß gegeben hatte. M. a. W. soll hiermit gesagt werden, daß dem Mieter etwas aufgegeben war, das sich nur nach dem Vorbild des zivilrechtlichen Auftrages behandeln läßt. Wenn es also auch an sich richtig war, die Beschlagnahme als Enteignungsakt zu behandeln, so durfte ihr für die Ersatzverpflichtung doch keine größere Tragweite beigelegt werden, als ihr nach dem Wesen des Enteignungsrechtes zukam. Heute ist diese Frage durch WohnMangG. § 5 geregelt, bis zu diesem Gesetze mußte man sich aber auf andere Weise helfen. Daß § 5 zit. geschaffen wurde, beweist, daß man die Lücke fühlte, zugleich aber auch erkannte, daß solche geradezu typischen Fälle dringend nach einem Entschädigungsanspruch rufen [1]).

Die hier vorgetragene Theorie muß sich an dem Fall JW. 1929 S. 1825 bewähren, Urteil des sächs. OVG. Dem Kläger war auf Grund der Stadtbauordnung aufgegeben worden, Wandhaken für die Leitung der elektrischen Straßenbahn zu dulden. Er bestritt die Berechtigung hierzu mit Erfolg. Das OVG. erklärte, daß für diesen Fall nur das Enteignungsverfahren gegeben sei. Es ist nicht zu bestreiten, daß der Tatbestand wegen der Herbeiführung einer dem

---

[1]) Richtig dagegen war in RG. 112 S. 191 f. angesichts des Tatbestandes die Anwendung des Art. 153 II und die Benutzung des preußischen Enteignungsgesetzes als Vorbild.

Wohl der Allgemeinheit dienenden besonderen Benutzung für eine Enteignung geeignet ist[1]).

Es kann aber nicht zweifelhaft sein, daß dasselbe praktische Ergebnis mit einer rein öffentlich-rechtlichen Ausübungsbeschränkung hätte erreicht werden können, falls die Stadt dazu überhaupt legitimiert war. Auf diese würde dann alles zutreffen, was über die Zwangsgeschäftsführung gesagt ist. Es würde sich dann aber auch zeigen, wie berechtigt es ist, dem Betroffenen wegen dieser Geschäftsführung einen Ersatz zu geben. Er leistet dem Gemeinwesen doch unbestreitbar, wenn auch unfreiwillig, einen positiven Dienst von unzweifelhafter Nützlichkeit, der entgolten werden muß.

Der Vollständigkeit halber sei hinzugefügt, daß Baufluchtliniengesetze nicht hierher gehören, sie treffen grundsätzlich jeden, nur den nicht, der den Anforderungen der Baufluchtlinie schon genügt hat. Diese Dinge darf man weder mit der Enteignung, noch der Einziehung zusammenbringen. Müßten die Wandhaken an jedem Hause angebracht werden, könnte man von einer gemeinsamen Last sprechen, aber tatsächlich wird nur ein Bruchteil betroffen und für sie ist die Duldungspflicht eine Ausnahmebelastung. Dies verkennt Schlich-

[1]) So ganz stimmt es mit der Enteignung aber doch nicht, wenn nicht dem Betriebsunternehmer mindestens eine persönliche Dienstbarkeit an dem betreffenden Grundstück gegeben wird. Also Eintragung in das Grundbuch! Vgl. den in OVG. 43 S. 387 behandelten Fall, wo richtigerweise die Straßenbahngesellschaft, als ihr Schwierigkeiten erwuchsen, gegen den Hausbesitzer, der die Anbringung von Wandhaken nicht dulden wollte, das Enteignungsverfahren einleitete. Oder man kommt zum Kontrahierungszwang mit subjektiv dinglicher objektiv schuldrechtlicher Duldungspflicht, die jeden Rechtsnachfolger trifft. Das erste wird wohl sehr selten vorliegen, das zweite ist bisher nicht anerkannt, also wird es doch wohl immer auf eine öffentlich-rechtliche Ausübungsbeschränkung hinauslaufen müssen. Gewiß kann man in ganz besonderen Ausnahmefällen (Gemeingebrauch s. o. S. 15) auf die in öffentlich-rechtlichen Formen herbeigeführte bessere Benutzung die Regeln der Enteignung anwenden, aber grundsätzlich ist doch die größte Behutsamkeit angebracht, wenn man mit der „Enteignung“ aus den zivilrechtlichen Wirkungen in die öffentlich-rechtlichen hineingerät.

ting, JW. 1928 S. 2426, nach dem § 13 des preußischen FluchtlinienG. dem Art. 153 RV. widersprechen soll. Immerhin sieht man an seinen Ausführungen, wohin die herrschende Praxis führt, führen muß. Dasselbe gilt von der Lehre Schelchers[1]), der als Beleg anführt die Herstellung und Erhaltung von Grünflächen und Baumbeständen in der Nähe einer Großstadt ohne gänzliche Entziehung des Privateigentums, indem bestimmte Grundstücke mit einem Bauverbot oder anderen Beschränkungen belegt werden. Man müßte Enteignung annehmen, denn es hätte ja gewöhnliche Enteignung stattfinden, aber dem Eigentümer das Grundstück mit den neu begründeten Lasten wieder übertragen werden können. Schelcher will offenbar einen solchen Tatbestand auch dann als Enteignung behandelt wissen, wenn die Lasten und Beschränkungen nur öffentlich-rechtlich sind. Dem ist ebenfalls zu widersprechen. Recht ist wesentlich Form. Man kann vielfach denselben Stoff in eine öffentlich-rechtliche wie in eine privatrechtliche Form bringen, deshalb aber sind beide Formen einander noch nicht gleich und können nicht beide gleich behandelt werden. Solche Versuche wie die des RG., Schlichtings, Schelchers, Furlers u. a. verstoßen gegen das auf fortschreitende Differenzierung ausgehende geschichtliche Entwicklungsgesetz und sind darum ein Rückschritt.

Den entgegengesetzten Fehler machen manche Vertreter des öffentlichen Rechtes, die zwar das fragwürdige Hilfsmittel, den Enteignungsbegriff, über seine Grenzen auszudehnen, verschmähen, dafür aber auch von der Widerstandslosigkeit (Otto Mayer) der Verwaltungspflichtigkeit des Eigentums (Holstein) sprechen. Mit diesen Worten kommt man nicht weiter, sie sind und bleiben bloße Worte. Daß das öffentliche Recht in Formen der Verwaltung auf Privatrechte einwirken kann, ist doch nichts Besonderes, wird andererseits durch die gebrauchten Worte nicht klarer und nicht deutlicher. Insbesondere geben sie nichts her für die Frage, ob und wann Entschädigung gegeben werden muß. Mayer bringt keinen

[1]) Fischers Z. 60 S. 172.

Titel für den Entschädigungsanspruch bei [1]). Auch ohne Gesetz müssen Hausbesitzer gegen die Straßenbahn (Wandhaken), die Post (Briefkasten), Telegraphenverwaltung (Drähte), vgl. hierüber Holstein S. 27 ff., einen Titel haben und zwar einen besonderen Titel. Diesen liefert mangels eines Sondergesetzes aber nur die Zwangsgeschäftsführung, der öffentlich-rechtliche Auftrag, wenn das Rechtsverhältnis in dem Bereiche des öffentlichen Rechtes bleibt. Was nach Enteignungsverfahren entschädigungspflichtig sein würde, muß es auch nach bloßem Verwaltungseingriff sein. Das ist doch eigentlich das selbstverständlichste der Welt. Gibt man dies zu, dann ist der Schritt zum öffentlich-rechtlichen Auftrag, der öffentlich-rechtlichen Zwangsgeschäftsführung zwangsläufig gegeben. Holstein ist dieser Unterschied natürlich bekannt, er wird aber durch das Fehlen jedes Vergleiches mit dem Zivilrecht von der richtigen Bahn abgelenkt. Er unterscheidet zwischen allgemeiner Verwaltungspflichtigkeit des Eigentums, S. 94 ff., und der sonderaktlichen Verpflichtbarkeit, S. 101, setzt aber damit nur an Stelle des Mayerschen Wortes ein anderes, das uns auch nicht weiter hilft.

Man darf aber wohl vermuten, daß das RG. seine schützende Hand über die von „Enteignungen" Betroffenen gerade deshalb gehalten hat, weil es an einer entsprechenden Bestimmung wie in § 75 Einl. ALR. fehlte. Die Worte in RG. 113 S. 306 sind doch kein Zufall.

Wie unsicher und schwankend der Boden ist, auf den sich das RG. begeben hat, erhellt, wenn man ältere Gesetze, etwa das preußische Verunstaltungsgesetz vom 15. 7. 1907, heranzieht. Die Tatbestände dieses Gesetzes entsprechen im wesentlichen dem Hamburger Denkmalsfall, es hat aber noch niemand vor der RV. daran gedacht, in ihnen eine Enteignung zu erblicken, denkt vermutlich auch heute noch niemand daran. Sie müßten seit der neuen RV. ihre Natur geändert haben.

---

[1]) Vgl. Holstein: Die Lehre von der öffentlich-rechtlichen Eigentumsbeschränkung, Kritik an Mayer daselbst S. 15 ff. In seiner späteren Schrift, Fideikommißauflösung und Reichsverfassung, schließt er sich dem RG. an, S. 5 f., 8 f., 12 ff., 20, 22, müßte also folgerichtig seine frühere Ansicht aufgeben.

Das RG. wird vermutlich, wenn es auf Grund des Gesetzes vom 15. 7. 1907 zu einer Klage kommt, einen Ersatzanspruch nach Enteignungsrecht versagen, weil die RV. einen Rechtszustand der Ersatzfreiheit vorgefunden hat. Wenn aber die RV. diesen Rechtszustand der Ersatzfreiheit anerkennt, muß sie ihn auch anerkennen, sobald neue Gesetze gleichartigen Inhaltes später als am 11. 8. 1919 erlassen werden. Man kann nicht das eine tun und das andere lassen. Also wird zu sagen sein, daß die RV. sich dem bisherigen geschichtlichen Rechtszustand in dieser Frage anpaßt und das ist denn auch das einzig Mögliche. Dann aber ist es ausgeschlossen, den Enteignungsbegriff anzuwenden.

Wahrscheinlich dürfte bei einer abweisenden Entscheidung des RG. auch die Erwägung mitspielen, daß dem einzelnen etwas Tragbares zugemutet werde, die Beschwerung nicht zu groß sei. Das ist in der Tat auch richtig, zugleich aber ein Wegweiser auf den entscheidenden Grund, weshalb überhaupt eine Entschädigung zu gewähren ist. Es ist sicher eine vermögensrechtliche Benachteiligung, wenn der Baulustige gezwungen wird, sein Bauwerk unter Hintansetzung der reinen Nützlichkeit bestimmten ästhetischen Erwägungen anzupassen. Aber dies ist ein zumutbares Opfer, zumal durch die Anpassung an die Umgebung auch wieder besondere Werte gewonnen werden. In Wirklichkeit wird durch das Verunstaltungsgesetz mindestens in sehr vielen Fällen dem Eigentümer nicht die Benutzung abgesprochen, sondern gerade eine bestimmte Benutzung vorgeschrieben, es wird aber nicht geleugnet werden können, daß das Hamburger Denkmalschutzgesetz und das preußische Verunstaltungsgesetz auf demselben Boden stehen. Die Entschädigungsfrage wäre, wenn sie zivilrechtlich konstruiert werden müßte, nur mit Auftrag und Geschäftsführung nach Billigkeit anzufassen.

Eigenartig steht es um den Fall RG. 118 S. 26[1]). Der Eigentümer eines Schultenhofes machte ein Kirchenstuhlrecht geltend, das ihm von dem Generalvikariat Paderborn ab-

---

[1]) Vgl. hierzu die Kritik bei Rieß LZ. 1928 S. 231 f., Furler S. 401, 402.

gesprochen worden war; weil bei dem beengten Platz durch die Beanspruchung des alleinigen Benutzungsrechtes „die kirchliche Ordnung gefährdende Verhältnisse“ hervorgerufen seien. OLG. und RG. berufen sich wegen Entschädigung auf §§ 74, 75 Einl. ALR., RG. 16 S. 159. Der Kläger hatte Nichtigkeit der Enteignung geltend gemacht, weil sie mangels einer Entschädigung gegen Art. 153 II RV. verstoßen. Dagegen sagt das RG., a. a. O., S. 26, eine Verdrängung privater Herrschaft durch polizeiliche, hier kirchenpolizeiliche Gewalt sei keine Enteignung im technischen Sinne des Art. 153 II RV. Da fragt man denn doch, was sie sonst sei, wenn das RG. nach seinen eigenen Worten, S. 24, von einer Aufhebung wohlerworbener Rechte ausgeht. Das Kirchenstuhlrecht ist entweder eine Ermächtigung und als „wohlerworbenes Recht“ (44jährige Ersitzung) eine unwiderrufliche Ermächtigung oder es ist sogar mehr und ein dingliches Recht unmittelbar an dem Platz. Wie dem auch sei, jedenfalls bezieht sich das RG. auf beide Möglichkeiten und von diesen aus will seine Entscheidung angesehen sein. Es fällt auf, daß es sich nicht ganz bestimmt ausdrückt, es spricht von Verdrängung und von kirchenpolizeilichen Maßnahmen. Beides würde an sich auf eine bloße Entziehung der Ausübung hinweisen, so daß z. B. das Stuhlrecht nicht verloren wäre, wenn später infolge Abwanderung sich die Seelenzahl der Gemeinde wieder verringerte und mit Aufhebung der kirchenpolizeilichen Anordnung der alte Rechtszustand von selber wieder in Funktion träte. Ist jedoch das Kirchenstuhlrecht vollständig vernichtet worden, dann würde sich doch sicher eine Enteignung ergeben (Gewinnung einer besseren Benutzungsmöglichkeit). Der ganze Unterschied von der sonst nach Landes- oder Reichsrecht vorgesehenen Enteignung wäre, daß der Titel für diese Enteignung kirchenrechtlich ist und besonderen kirchlichen Behörden zusteht, daß ferner die Enteignung in kirchenrechtlichen Formen vorgenommen wird. An der inneren Natur des Enteignungsaktes wird dadurch aber nichts geändert. Darum kam, wie der Kläger richtig behauptet hatte, Art. 153 II in Betracht, nicht aber die §§ 74, 75 Einl. ALR. Durch die Anwendung dieser Bestimmungen und durch den Gebrauch des Wortes Kirchenpolizei hat jedoch das RG. nahegelegt, an die üblichen Eingriffe der Polizei gegen einen polizeiwidrigen Zustand zu denken, die nur die Ausübung hemmen oder ausschließen, jedoch das Privatrecht an sich unangetastet lassen. Es ist nicht zu leugnen, daß auf diese Weise ein Widerspruch in die Entscheidung hineingeraten ist; immerhin kann aber doch so viel gesagt werden, daß das RG. wohl nicht die Absicht gehabt hat, mit seinem eigenen Enteignungsbegriff zu brechen, vielmehr glaubte, dem Kirchenrecht auf diese allerdings verunglückte Weise Rechnung tragen zu müssen. Es hat anscheinend angenommen, daß diese kirchenrechtliche Enteignung, um mich kurz, wenn auch ungenau, so auszudrücken, innerlich etwas anderes sei als die gewöhnliche Enteignung. Von diesem Standpunkt aus braucht man ihm die Absicht, von seinem eigenen zivilrechtlichen Begriff abzuweichen, nicht zu unterstellen, weil es eben der Meinung war, daß dieser zivilrechtliche oder allgemein verwaltungsrechtlich-zivilrechtliche Begriff schon deshalb, weil er zivilrechtlich usw. ist, nicht in Frage komme.

Tatbestandlich entspricht der Rechtsfall dem Enteignungsbegriff, da dem Kläger das alleinige Benutzungsrecht genommen und der Kirchenstuhl der allgemeinen Benutzung freigegeben, also eine bessere Benutzungsmöglichkeit gewonnen wurde. Um eine Beseitigung eines an sich unerlaubten Zustandes handelt es sich nicht. Höchstens könnte man es als polizeiwidrig bezeichnen, daß die Kirche überhaupt zu klein geworden war, und das wird man denn doch so leicht nicht tun. Gedacht ist der Fall offenbar so, daß dem Schultenhof der Kirchenstuhl endgültig und für alle Zeiten entzogen werden sollte, dann aber lag echte und unverfälschte Enteignung vor und es kann sich nur fragen, ob (kirchenrechtlich?) dem Generalvikariat eine solche Enteignungsbefugnis sachlich und formell in den beobachteten Formen, d. h. eigentlich formlos, gegeben war. Denn unabweislich ist, das Kirchenstuhlrecht irgendwie zivilrechtlich unterzubringen: entweder als Ermächtigung oder beschränkte Dienstbarkeit. Es gibt keine kirchenrechtlichen subjektiven Rechte in bezug auf Kirchenstühle, die nicht bei dem BGB. unterzubringen sind.

Also bleibt es bei dem Gegensatz: entweder zivilrechtlicher Substanzverlust, dann, aber auch nur dann, echte Enteignung oder öffentlich-rechtliche Behinderung der Ausübung, Fortnahme der Ausübungsmöglichkeit. Das RG. behandelt einen Tatbestand, der doch höchstwahrscheinlich unter die Behinderung in der Ausübungsmöglichkeit gehört, nicht als Enteignung, spricht aber auf derselben Seite von Verdrängung wie von Vernichtung. Das erste gehört zur Unterbindung der Ausübungsmöglichkeit, das zweite zur Enteignung, Klarheit fehlt.

Aus dem Vorstehenden ergibt sich jedenfalls soviel, daß die Frage Enteignung = Übereignung mindestens in ihrer Wichtigkeit überschätzt wird[1]). Überhaupt schmeckt sie etwas nach Begriffsjurisprudenz und verlegt den Schwerpunkt in das Formal-Technische, während das dahinter steckende Materielle entscheiden muß. Nur darauf kommt es an, auf die praktische Richtung, den praktischen Zweck der Enteignung, und dieser kann nur die objektiv bessere oder die besondere Benutzungsmöglichkeit zum Wohle der Allgemeinheit sein. Nur diese Erwägung wird dem eigentlichen Problem gerecht, alles andere ist formale Dialektik. Die Frage der Übereignung ist ausschließlich eine Folgefrage, die sich aus der Natur der Enteignung als Zuführung einer Sache zu einem besseren Zweck ergeben kann, aber nicht notwendig ergibt. Die Übereignung ist kein selbständiges Merkmal, sondern erst das Ergebnis aus dem eigentlich grundlegenden Wesen der Enteignung. Man macht methodisch falsch das Symptom zum entscheidenden Merkmal, statt die dem Symptom zugrunde liegende Ursache als solches zu erkennen.

Abschließend ist also festzustellen: Das eigentliche Kennzeichen der echten Enteignung ist an sich nicht notwendig die Übereignung, sondern die Zuführung zu einer besseren oder besonderen Benutzung oder zu der Benutzung überhaupt, weil diese bis dahin nicht genügend gesichert erscheint. Diese Zu-

---

[1]) Jedenfalls ist dies Erfordernis, wie auch schon Wittmayer a. a. O. S. 741 erkannt hat, kein Schutz gegen unberechtigte Eingriffe. Dieser Schutz ist anderswo zu suchen.

führung wird fast immer Übereignung sein, braucht es aber nicht notwendig zu sein. Dagegen irgendein zivilrechtlicher Substanzverlust gehört immer zur Enteignung.

Eine Doppelstellung haben die Enteignungen, die nach landesrechtlichem Berg-, Wasser-, Flurbereinigungsrecht usw. zulässig sind. Für sie kommen neben dem allgemeinen Vorbehalt kraft Art. 109 noch besondere Vorbehalte, z. B. kraft Art. 65 ff. EGBGB. in Betracht. Für den Enteignungsbegriff wird dadurch nichts Wesentliches geändert. Immer handelt es sich um Zuführung der konkreten Sache zu einem konkreten als besser erachteten Zweck zum Wohle der Allgemeinheit. Der Weg, der zum Wohl der Allgemeinheit führt, mag in einzelnen Fällen etwas länger oder kürzer sein, aber er führt dahin. Im Grundsätzlichen unterscheiden sich diese Fälle von den Fällen der Enteignung nach Art. 109 EGBGB. nicht.

III.

Mindestens heutzutage ganz entbehrlich ist die Benutzung des enteigneten Rechtes für ein „Unternehmen“ [1]). Die unter II aufgeführten Fälle haben gezeigt, daß man damit nicht mehr ausreicht, im Grunde auch nie ausgereicht hat, denn früher wurden diese Fälle nicht untersucht. Es ist doch z. B. bloßer Zufall, daß eine Enteignung eines Kirchenstuhlrechtes nicht früher bekannt geworden ist, wenngleich sie schon vorgekommen sein mag. Die Bedeutung des Unternehmens für die Enteignung wird überschätzt [2]), außerdem ist dieser Begriff nicht scharf genug, um damit sicher arbeiten zu können. Beschlagnahme von Lebensmitteln in Notzeiten kann man füglich ohne sprachliche Härte doch nicht gut Unternehmen

---

[1]) Vgl. hierzu besonders Triepel a. a. O. S. 22 f., aber S. 24; Schelcher a. a. O. S. 167 ff.; Rieß LZ. 1928 S. 219 f.; Fleiner Institutionen § 18 I, II; Wittmayer a. a. O. S. 731, 744 fordert noch enger ein öffentliches Unternehmen.

[2]) Auch ich habe mich dieser Überschätzung schuldig gemacht, Enteignung und Einziehung nach alter und neuer Reichsverfassung S. 3. Ich gebe, belehrt durch die neu aufgetauchten Fälle, meine Ansicht auf. Die bessere Benutzbarkeit oder die Sicherung der Benutzbarkeit überhaupt genügt.

oder Enteignung zum Zweck eines Unternehmens nennen, denn die Beschlagnahme ist im Grunde das Unternehmen selbst. Schließlich ist alles zweckbewußte Handeln selber schon ein „Unternehmen". Man hat immer viel zu sehr an den Bau von Eisenbahnen, Kanälen usw. gedacht, Unternehmungen, die ursprünglich den wichtigsten Zweck von Enteignungen verkörperten. Aber das ist zu eng. „Unternommen" wird nichts, wenn für vorgeschichtliche Funde der Ablieferungszwang vorgeschrieben wird. Das „Unternehmen", die „Unternehmung" hat für die Entwicklung des Enteignungsbegriffes nur die Bedeutung einer überholten Entwicklungsstufe und kann für die heutigen Fragen nicht mehr benutzt werden.

Ganz falsch wäre es, nur an ein öffentliches Unternehmen, einen unmittelbaren Staatszweck u. dergl., zu denken. Auch das gemeinnützige Unternehmen (Wolff, Triepel) ist im Grunde nur ein anderer Ausdruck hierfür. Es ist nicht zu beanstanden, daß die preußische Regierung der Bemberg-A.-G. „für die Aufrechterhaltung eines rationellen Fabrikbetriebes der Firma" ein Enteignungsrecht gewährt hat, Preuß. Gesetzbl. 1927 S. 170. Da wird kein Staatszweck verfolgt, sondern ein ausgesprochener Privatzweck, aber die Erreichung dieses Privatzweckes ist mittelbar auch für den Staat wichtig und kann darum dem Wohle der Allgemeinheit dienen. Ingleichen ist dem Alkaliwerk Westeregeln ein Enteignungsrecht verliehen worden, Preuß. Gesetzbl. 1927 S. 162. Überhaupt ist es nur geschichtlicher Zufall, daß für Fabriken und oberirdische andere Unternehmungen nicht in einer eigenen Gesetzgebung nach dem Muster des Berg- und Wasserrechtes Sonderbestimmungen über Enteignung getroffen sind. Will man das Wesen der Enteignung richtig würdigen, müssen auch diese Sonderbestimmungen angezogen werden. Dann aber verlieren öffentliches Unternehmen, Staatszweck u. dergl. m. ihre Bedeutung, denn es ist doch immer zu fragen, was der unmittelbare Zweck der Enteignung ist. Die weiter zurückliegenden Zwecke entscheiden nicht[1]), juristischer Charakter und

[1]) Triepel: Goldbilanzenverordnung und Vorzugsaktien S. 18, „nächster" Zweck, vgl. überhaupt die Nachweise bei OLG. Jena JW. 1926 S. 1476.

Wesen wird einer Handlung nur durch ihren unmittelbaren Zweck, die besondere Benutzung, gegeben. Dagegen das Wohl der Allgemeinheit kann in dem weiteren mittelbaren Nutzen für die Allgemeinheit bestehen, wie wir denn ja auch alle ein zweifelloses Interesse daran haben, daß Werke wie Bemberg und Westeregeln sich ungehindert technisch entwickeln und den Wettkampf mit dem Auslande erfolgreich bestehen können. Wird unmittelbar ein Staatszweck verfolgt: der Staat baut einen Kanal, so fällt unmittelbarer Zweck und Wohl der Allgemeinheit zusammen, nötig aber ist es nicht. Der unmittelbare Zweck kann sehr wohl, wie die angeführten Beispiele zeigen, ein Privatzweck sein und das Wohl der Allgemeinheit in der Erreichung eines ferneren mittelbaren Zweckes bestehen.

Mittelbar beweist die Verwertung des „Unternehmens“, daß die Enteignung untrennbar mit der besseren Benutzbarkeit der Sache oder des Rechtes zusammenhängt, wie auch nur dieser Begriff die Abgrenzung gegen die Schein- und Nachbarfälle ermöglicht.

Die Ursache, weshalb so viele Schriftsteller nach dem Muster des preußischen Enteignungsgesetzes § 1 immer noch an dem Erfordernis des Unternehmens festhalten, liegt darin, daß sich von ihrem Ausgangspunkte aus sonst kein einigermaßen sicheres Kennzeichen für das Wohl der Allgemeinheit gewinnen läßt. Man hilft sich mit der Betonung, daß es sich um ein konkretes Unternehmen handeln müsse[1]), das den Einzeleingriff rechtfertige. Mit solchen gefährlichen und auch in sich unrichtigen Allgemeinheiten beweist man nichts. Insbesondere werden dadurch etwaige Konfiskationen nicht ausgeschaltet. Konfiskation vollzieht sich in aller Regel gerade als Einzelbegriff. N u r d u r c h d e n b e s o n d e r e n B e n u t z u n g s z w e c k d e r E n t e i g n u n g w i r d d e r W i l l k ü r e i n v e r l ä ß l i c h e r R i e g e l v o r g e s c h o b e n.

---

[1]) Schelcher a. a. O. S. 167 ff.; Anschütz Anm. 7 a. E., 9; Furler S. 400; richtig Poetzsch-Heffter Anm. 4 zu Art. 153; RG. 124 S. 34* mit Nachweisen, vgl. auch RG. 107 S. 267, 269.

IV.

Der Begriff Wohl der Allgemeinheit wird gewöhnlich in Zusammenhang mit dem „Unternehmen“ erörtert, die Rechtsprechung hat ihn aber in so besonderer Weise angewandt, daß darüber doch etwas zu sagen ist. Als es galt, die dritte Steuernotverordnung, die Aufwertungsgesetzgebung und die Goldmarkbilanzenverordnung vor der Anfechtung ihrer Gültigkeit zu retten, führte das RG. u. a. folgendes aus, es sollten Ruhe, Ordnung und Sicherheit im Innern wiederhergestellt werden. Abgesehen davon, daß eine Unordnung überhaupt nicht stattgefunden hat, läuft diese ganz allgemein gehaltene Rechtfertigung auf etwas hinaus, was zur Rechtfertigung eines gewöhnlichen Gesetzes ausreicht[1]), aber eine Verletzung der Verfassung denn doch nicht trägt. Jeder gesetzgeberische Mißgriff erzeugt Unruhe, bald mehr, bald weniger. Es kommt nur darauf an, wieviele Personen sich getroffen fühlen, wer die stärkste Agitation treiben kann. Kein Gesetz kann den Titel: Zum Wohle der Allgemeinheit, entbehren; jedes Gesetz führt ihn für sich an und muß ihn für sich anführen. Jedes Gesetz beansprucht und muß beanspruchen, daß es den bestehenden Zustand nach Ansicht seiner Verfasser verbessert. Es kommt also darauf an, wie, in welcher Form, mit welchen Mitteln der bestehende Zustand verbessert wird. Soll er verbessert werden durch ein Sondergesetz oder durch einen besonderen Verwaltungsakt, der in bestehende Rechtsverhältnisse eingreift, ohne den Rechtszustand als Ganzes, als Rechtseinrichtung zu ändern, dann muß noch eine weitere ganz besondere Rechtfertigung hinzukommen, die aber der dritten Steuernotverordnung, der Aufwertungsgesetzgebung, der Goldbilanzenverordnung fehlt. Diese Erwägung führt immer wieder auf die grundlegende Forderung zurück, es müsse das zu enteignende Recht wegen einer konkreten Eigenschaft zu einem konkreten Benutzungszweck ausschließlich oder doch besonders geeignet sein, und dieser Zweck müsse für das Wohl der Allgemeinheit so wichtig sein, daß seinetwegen ein

---

[1]) Krückmann LZ. 1926 S. 318, 320; RG. 107 S. 375; 111 S. 325; 113 S. 12; aber auch RG. 107 S. 267, 269.

Eingriff gerechtfertigt werden kann. Es ist ja ganz richtig, wenn die rein fiskalische oder rein finanzielle Vermögensverbesserung nicht als ausreichend angesehen wird [1]), aber die bloße Verneinung reicht nicht aus, gibt kein positives Kennzeichen her. Dieses kann nur in dem konkreten Benutzungszweck und der konkreten Benutzungseignung gefunden werden, die das Enteignete aus dem Kreis der gleichartigen Sachen oder Rechte heraushebt. Keineswegs soll hiermit das Wohl der Allgemeinheit als Begriffserfordernis ausgeschaltet werden, aber es ist genauer als bisher zu bestimmen. In den Erörterungen des RG. hat das Wohl der Allgemeinheit etwas so Unbestimmtes bekommen, daß damit alles und nichts bewiesen wird. Die notwendige Schärfe erhält der Begriff nur, wenn das Wohl der Allgemeinheit in dem Nutzen gefunden wird, der daraus entspringt, daß ein Gegenstand besser als bisher benutzt wird oder daß für ihn eine besondere Benutzbarkeit gewonnen wird oder daß die beste Benutzbarkeit oder die Benutzung überhaupt erst möglich gemacht und erhalten wird.

V.

Die Frage, ob die Entschädigung zum Begriffe der Enteignung gehört, wird mehrfach verneint, ist aber doch zu bejahen, wo nicht zweifelsfreie Bestimmungen entgegenstehen [2]). Sieht man nur auf das Wort Enteignung, kommt man selbstverständlich zur Verneinung. Enteignung ist an sich nur Wegnahme, weiter nichts. Entgeltlichkeit und Unentgeltlichkeit bleiben dahingestellt. Anders steht jedoch die Sache, wenn man den Enteignungsbegriff geschichtlich auffaßt. Geschichtlich kannte man in Deutschland nur entschädigungspflichtige Enteignungen, und diese Entschädigungspflicht war sicher die

---

[1]) Nachweise bei Schelcher a. a. O. S. 167 Anm. 1, 2.

[2]) Wittmayer: Handwörterb. d. Staatsw. Enteignung S. 741; Wolff: Reichsverfassung und Eigentum S. 17; Schelcher: Sächs. EnteigG. S. 35; Fischers Z. 60 S. 186 ff. Hier weist Schelcher darauf hin, daß nach Art. 153 II S. 1 die Entschädigung fortfallen könne. Aber diese Bestimmung beweist ja doch gerade die im Text vertretene geschichtliche Auffassung. Wenn sie sich von selbst verstände, wäre sie nicht erlassen.

„Geschäftsgrundlage", auf die hin Art. 109 EGBGB. geschaffen wurde. Man braucht nur zu fragen, ob vor dem EGBGB. eine entschädigungslose Enteignung vorstellbar war. Die Theorie ist vielfach sogar so weit gegangen, daß sie eine Entschädigungspflicht auch in solchen Fällen aufstellte, die zwar Eingriffe in irgendwelche Privatrechte, sogar unter Umständen nur mittelbar, enthalten, aber doch nicht zur Enteignung gehören. Man klammert sich zu sehr an das Wort, wenn man die Entschädigungspflicht aus dem deutschen Enteignungsbegriff herausnimmt. Für die RV. ist diese Frage nun durch Art. 153 II S. 2 erledigt im grundsätzlichen, wenn auch nicht ausnahmslosen Anschluß an den bisherigen Rechtszustand.

Offen bleibt nur die Frage, ob Vorenthaltung der Entschädigung den Enteignungsakt nichtig macht oder nicht[1]). Das RG. hat wiederholt erkannt, der Enteignungsakt werde nichtig, wenn die Entschädigung nicht zugleich mit bewilligt werde. Dies traf vor allem zu auf die Versuche verschiedener Staaten, sich die Privatvermögen der Fürstenfamilien entschädigungslos anzueignen. Zwar muß bestritten werden, daß überhaupt Enteignungen vorliegen, es handelt sich vielmehr um bloße Einziehungen, Konfiskationen, aber die grundsätzlichen Entscheidungen des RG. sind darum doch zu würdigen, auch wenn es im Einzelfall unrichtigerweise eine Enteignung angenommen hat, wo eine Einziehung vorlag. Das RG. entschied, daß entschädigungslose Enteignungen nichtig seien, RG. 103 S. 202; 109 S. 323; 111 S. 133; 112 S. 71; vgl. auch RG. 104 S. 138. M. E. ist es nicht nötig, wenn echte Enteignung vorliegt, aber keine Entschädigung ausgesprochen worden ist, den Enteignungsakt für nichtig zu erklären. Nur muß eine echte Enteignung, Gewinnung oder Sicherung einer besseren Benutzung, vorliegen. Wenn diese vorliegt, ist nicht abzusehen, warum nicht einfach auf Entschädigung soll geklagt werden können. Es ist doch anzunehmen, daß die Enteignung aufrecht erhalten werden wird, dann aber ergibt sich aus der Nichtigkeit, daß die Enteignung noch einmal von vorne einsetzen muß. Dies kann

[1]) Furler S. 403 ff.

gespart werden, da eine unmittelbare Entschädigungsklage alles am schnellsten und einfachsten erledigt. Anscheinend hat unter der Schwelle des Bewußtseins oder gar deutlich gesehen bei dem RG. die Vorstellung mitgewirkt, daß nur so die unberechtigte Einziehung hintangehalten werden könnte. Denn um offenbare Konfiskationen handelte es sich in den angeführten Fällen, nicht um Enteignungen, selbst das thüringische Vorkaufsrecht, RG. 112 S. 71, war eine beschränkte Konfiskation. Konfiskationen aber werden schon durch Art. 153 I verboten. Um sie unschädlich zu machen, braucht man Art. 153 II nicht heranzuholen. Damit entfällt die Veranlassung, eine so gefährliche Meinung auszusprechen, denn die entschädigungslosen Einziehungen, die Konfiskationen, sind unter allen Umständen nichtig. Auch hier hat ein Fehler den anderen geboren. Wäre die Einziehung von Anfang an festgehalten und als Verstoß gegen Art. 153 I erkannt worden, dann brauchte man die echten wie die scheinbaren Enteignungsgesetze nicht wegen Mangels einer Entschädigung für nichtig zu erklären, sondern konnte bei echter Enteignung unmittelbar auf Entschädigung erkennen, die Sache also vereinfachen. Einmal ist dies tatsächlich auch geschehen, RG. 116 S. 268 (Hamburger Denkmalschutz). Hier hat das RG. den „Enteignungsakt“ anerkannt und nur die Folgerung daraus und aus Art 153 II S. 2 gezogen, d. h. nachträglich die Entschädigungspflicht in ihn hineingelegt. Man muß aber auch hier wohl zwischen den Zeilen lesen. Vermutlich ist für das RG. bestimmend gewesen, daß nach Art. 150 I RV. Denkmäler der Kunst, der Geschichte und der Natur sowie die Landschaft den Schutz des Staates genießen sollen. Es ist zuzugeben, daß hierin eine Legitimation des Staates für ein Denkmal- und Naturschutzgesetz liegt und daß gesagt werden kann, wegen Art. 150 I sei das Schutzgesetz nicht ungültig, obgleich es keine Entschädigung zuspricht[1]). Immerhin wird anerkannt, daß

[1]) Nicht recht klar ist, ob das RG. anerkennen will, daß das Landesgesetz dem Eigentum einen anderen Inhalt soll verleihen dürfen S. 271. Nicht recht klar ist auch das Verhältnis zu § 903 BGB., dem durch rein öffentlich-rechtliche Beschränkungen doch kein Abbruch geschieht.

das Hamburger Schutzgesetz nicht imstande war, „von sich aus eine entschädigungslose Enteignung anzuordnen", S. 273.

VI.

Streng von der Enteignung zu scheiden ist die Einziehung, die niemals Zuführung zu einem besseren Benutzungszweck ist. Zu deren Verständnis ist von Art. 109 EGBGB. auszugehen, der trotz Art. 153 RV. seine Bedeutung noch nicht verloren hat. Denn Art. 153 II spricht sich nur über die eigentliche Enteignung unmittelbar und ausdrücklich aus. In seinem Stillschweigen liegt allerdings auch eine Erklärung, diese aber muß noch erst aus Art. 153 herausgeholt werden. Dazu muß der bisherige Rechtszustand berücksichtigt werden, und dieser spricht sich in Art. 109 EGBGB. aus.

Von Art. 109 EGBGB. ist in Kürze zu sagen[1]): Die in Art. 109 außer der Enteignung zugelassene Einziehung ist eine echte Konfiskation, aber eine Konfiskation *aus bestimmten rechtfertigenden Gründen, zu bestimmten rechtfertigenden Zwecken*. Sie teilt mit der Enteignung deren Grundlage, die Rechtfertigung aus den konkreten Eigenschaften der konkreten Sache, richtet sich gegen die Sache, nicht gegen die Person. Man wird daher gut tun, auch bei der Konfiskation zu scheiden: Einziehung, die sich nur gegen die Sache oder die sich gegen die Person richtet. *Eine Konfiskation mit Richtung gegen die Person ist in Art. 109 EGBGB. ganz zweifelsfrei nicht zugelassen worden*[2]). Die Einziehung wird zu-

---

[1]) Ausführlicheres hierüber ist zu finden bei Krückmann: Enteignung und Einziehung nach alter und neuer Reichsverfassung S. 8 ff.; LZ. 1926 S 315 ff.

[2]) Bedauerlicher Weise muß ich dies unterstreichen, denn es scheint ziemlich allgemein der von mir schon früher festgestellte Unterschied zwischen erlaubter und unerlaubter Einziehung übersehen zu werden. So polemisiert Furler VerwaltArch. 33 S. 396 Anm. 143 gegen mich auf unzutreffender Grundlage. Art. 109 EGBGB. hat durchaus nicht jede Einziehung erlaubt, sondern nur ganz bestimmte Einziehungen, die im Texte gekennzeichnet sind! Es ist mit keinem

gelassen bei Sachen, die wegen ihrer gefährlichen Eigenschaften, d. h. wegen der mit ihrer Benutzung verbundenen Gefahr aus dem Verkehr genommen werden müssen (Akten, Register, Dienstsiegel, überhaupt Dienstgegenstände von verstorbenen Beamten, Offizieren, Notaren, Gerichtsvollziehern, unter Umständen auch Schriften, Zeichnungen, Modelle, Pläne). Der Zweck ist die Verhütung von Mißbrauch, unter Umständen aber auch die Sicherung des Zweckes, zu dem die Sachen dienten oder dienen sollten. Vielleicht wird es sich unter Umständen juristisch auch um etwas handeln, das schuldrechtlich mit der condictio causa finita wiedergegeben wird. Ob unter Art. 109 EGBGB. auch die Pflicht des verziehenden Notars gehört, gewisse Bücher, Sammlungen, z. B. Gesetzsammlungen, die zu halten er verpflichtet ist, seinem Nachfolger zu hinterlassen, mag bezweifelt werden, man sagt besser, daß es sich um eine mit dem Amt oder Quasiamt übernommene Leistungspflicht handelt. Wie man sich hierzu stellt, ist unerheblich.

Wieviel man schon in Art. 109 EGBGB. hineinlegen und hineinlesen muß, ergibt sich daraus, daß alle strafrechtlichen Einziehungen, auch die landesstrafrechtlichen, trotz Art. 109 erhalten bleiben[1]). Auch alle Vorschriften über den Verkehr mit Giften, insbesondere auch Rauschgiften, Waffen, Sprengstoffen, überhaupt gefährlichen Sachen, über deren Wegnahme oder Vernichtung, sind, soweit für Landesrecht irgendwie Raum ist, bei Art. 109 EGBGB. unterzubringen.

Gedanken daran gedacht worden, willkürliche Konfiskationen der Landesgesetzgebung frei zu geben. Man sieht dies aus dem von Planck, dem eigentlichen Kronzeugen für die Absichten der Redaktion, mitgeteilten Beispielen der erlaubten Einziehung. Derartige Dinge, wie sie seit 1918 vorgekommen sind, hielt man einfach für unmöglich und dachte sicher nicht daran, sie zu erlauben. Wenn man jedoch Enteignung und Konfiskation zusammenwirft, ist leicht streiten.

[1]) Trotz oder wegen Motive S. 162 ff. 192 f. herrscht wenig Klarheit, nur soviel läßt sich sagen: Art. 109 ist zweifelsfrei auf die eigentliche Enteignung gemünzt und Art. 111 will den zivilrechtlichen Substanzverlust nicht treffen. Ob die polizeilichen Eingriffe zur Beseitigung polizeiwidriger Zustände und Handlungen in dem EGBGB. berücksichtigt sind, kann zweifelhaft sein.

Ferner ist hierher vieles von dem zu rechnen, was zur Beseitigung polizeiwidriger Zustände dient: Tötung seuchenverdächtigen Viehs, Niederreißen gefahrdrohender Gebäude bei Feuersbrünsten und Überschwemmungen, Vernichtung von Rebstöcken nach dem Reblausgesetz, Zerstörung von Gegenständen zur Bekämpfung gemeingefährlicher Krankheiten, Schelcher a. a. O. S. 186 Anm. Überall ist der Zusammenhang mit der Benutzung deutlich. Die mit dem Weiterbestande der Sache und ihrer Benutzung verbundene Gefährlichkeit, beruhend auf den konkreten Eigenschaften der konkreten Sache, soll beseitigt werden. Aber es wird keine bessere Benutzung oder Benutzbarkeit angestrebt. Unter Art. 153 II RV. gehört dies alles nicht, wohl aber gehört sehr vieles unter den öffentlich-rechtlichen Auftrag oder die öffentlich-rechtliche Zwangsgeschäftsführung, s. o. S. 20.

Das RG. hat mehrfach, offenbar um ungerechtfertigte Eingriffe hintanzuhalten, entschädigungslose Enteignungen angenommen, wo reine Konfiskationsversuche vorliegen. Es fand einen Verstoß gegen Art. 153 II S. 2, wo in Wirklichkeit ein Verstoß gegen Art. 153 I vorlag. Dies ist der Fall in RG. 167 S. 307 (Abdeckerei in Preußen); 107 S. 375 (Dritte Steuernotverordnung); 111 S. 320 (Aufwertungsgesetzgebung); 102 S. 251 (Gothaer Fideikommiß); 111 S. 133 (Gothaer Fideikommiß); 109 S. 323 (anhaltische Kohlenrente); 112 S. 71 (thüringisches Vorkaufsrecht, d. h. in Wirklichkeit Ankaufsrecht); 113 S. 6 (Goldbilanzenverordnung); LZ. 1926 S. 544 (Belastung mit Schulunterhaltungspflicht entgegen besonderem Rechtstitel). Nirgends handelt es sich um Herbeiführung einer besseren Benutzung einer Sache oder eines Rechtes. Dies kann man nicht einmal von der entgeltlichen Abnahme der Häute sagen, die den privilegierten preußischen Abdeckereien auferlegt wurde. Denn die Häute verschwanden nicht, sondern gingen nur andere Wege. Wollte man sie erfassen, dann waren den Abdeckereien die dafür aufzuwendenden Kosten zu ersetzen, wie dies in all den vielen Gesetzen und Verordnungen geschehen ist, die in der Kriegs- wie Nachkriegszeit auf Erfassung von bestimmten Waren ausgingen. Vgl. das Register zum Reichsgesetzblatt seit 1915 unter dem

Stichwort Beschlagnahme, Enteignung, z. B. 1915 S. 38, 65, 81, 139, 363, 393, 508; 1919 S. 247, 286, 349, 511, 629, 1488, 1527, 1938 u. a. m.

Eine besondere Stellung nehmen die Entscheidungen zur Dritten Steuernotverordnung, zur Goldbilanzenverordnung und zur Aufwertungsgesetzgebung ein[1]). Aus unserer Grundauffassung ergibt sich, daß für die hier vertretene Ansicht eine Enteignung nach keiner Richtung hin in Frage kommen kann. Entweder wurde den Gläubigern zu viel gegeben, dann wurden die Schuldner zu schwer belastet. Dies kann man nur auf dem Wege über den Kontrahierungszwang und diesem Zwang ähnliche Tatbestände fassen und kommt dann zu einem einziehungsähnlichen, niemals aber zu einem enteignungsähnlichen Tatbestand. Oder die Gläubiger wurden ungerecht gekürzt. Dann ist die Einziehung erst recht mit Händen zu greifen[2]). Zeiler a. a. O. S. 7 führt an, daß die Aufwertungsgesetzgebung, wahl- und ausnahmslos alle Gläubigeransprüche erfasse, ohne Rücksicht darauf, ob im Einzelfalle bitterstes Unrecht geschehe. Damit wird aber noch nicht der Einzeleingriff ausgeschaltet, denn es handelte sich immer um eine geschlossene Zahl von Rechtsverhältnissen, zwar eine sehr große, aber doch eine geschlossene. Insofern könnte man gegen die Verwendung des Enteignungsbegriffes nichts einwenden, aber auch gegen die Verwendung des Einziehungsbegriffes nichts.

Es ist jedoch keineswegs sicher, daß diese Ausdehnung des Enteignungsbegriffes festgehalten werden wird. Das RG. wollte vermutlich die einmal gewonnene Ordnung der Aufwertung, auf die schon so viel richterliche Arbeit der streitigen und der freiwilligen Gerichtsbarkeit verwandt worden war,

---

[1]) Kritik hierzu bei Zeiler: Die Rechtsgültigkeit der Aufwertungsgesetzgebung; Krückmann LZ. 1926 S. 315 ff.; JW. 1928 S. 646 ff.; Zusammenstellung des Schrifttums bei Bernstein JW. 1925 S. 2649; Die Kritik Daltrops JW. 1925 S. 1714 f. hält Änderung der Rechtseinrichtung und Rückwirkung nicht auseinander. Im Text wird hierzu einiges gesagt werden. Unterstellt wird, daß der Ausgang von § 242 ist; daß ich selber anderer Meinung bin, spielt keine Rolle.

[2]) Vgl. hierzu statt aller Zeiler a. a. O. S. 6 ff., 10.

unter allen Umständen schützen und es verhindern, daß sie durch die Rechtsprechung rückwärts revidiert würde, und da mußten denn die Gründe her, wo sie nur eben zu finden waren. Das RG. wird sich selber darüber nicht im unklaren sein, daß diese Anwendung des Enteignungsbegriffes sich nicht rechtfertigen läßt, da es an jedem Anzeichen fehlt, daß ein so weitgehender Begriff gewollt sein kann. Diese Ausdehnung des Enteignungsbegriffes ist willkürlich, hier ist der Wunsch der Vater des Gedankens und außerdem eines unrichtigen Gedankens. Daher braucht man diese Entscheidungen nicht so schwer zu nehmen, sie werden vielleicht in der Rechtsprechung zum Enteignungsbegriff nur eine gelegentliche Abweichung bedeuten, die dann später stillschweigend unter den Tisch fällt und durch Nichtbeachtung in späteren Entscheidungen erledigt wird. Dies um so mehr, als das, was das RG. sonst mit seiner Rechtsprechung will, möglichster Schutz des Privateigentums, sich auf andere Weise besser und nachdrücklicher erreichen läßt, wie sich noch bei der Rückwirkung zeigen wird.

Überdies ist ein sehr wesentliches Argument des RG., daß es sich um die „gesetzliche Normierung" des Rechtsverhältnisses zwischen Gläubiger und Schuldner handele. Schlüssig ist dies nun nicht, es ist offenbar aus der Vorstellung, daß die Rechtseinrichtung geändert würde, gedacht [1]). Dies ist aber unmöglich, weil Verordnungen wie Gesetz nur eine zwar sehr große, aber doch geschlossene Zahl von Rechtsverhältnissen regelten. Dagegen die Änderung der Rechtseinrichtung will die unbegrenzte Zahl aller künftigen Anwendungsfälle erfassen. Dies ist der wahre Grund, weshalb die Eingriffe in das Mietrecht gültig sind, denn mit der neuen Miet- und Wohnungsmangelgesetzgebung wurde das bestehende Recht geändert. Die neuen Rechtssätze erhoben und erheben den Anspruch, daß sie die unbegrenzte Zahl aller künftigen Anwendungsfälle ergreifen wollen, und darin besteht das Wesen der Rechtseinrichtung. Auf die zeitliche Dauer der Rechtssätze kommt es dabei an sich nicht an, wenngleich zuzugeben ist, daß bei besonders

---

[1]) Hiergegen Zeiler S. 17 f., der mit Recht ausführt, daß Art. 153 I S. 2 nicht in Betracht kommen kann.

kurzfristiger Geltung sich hinter der scheinbaren Neuregelung der Rechtseinrichtung einmal außerordentlicherweise eine Einziehung verstecken kann.

Ging das RG. von der Änderung der Rechtseinrichtung aus — es hat die Enteignungsfrage nur nach der Eventualmaxime behandelt —, dann erklärt sich seine Rechtsprechung noch mehr als eine einmalige Abirrung, die augenscheinlich gar nicht einmal eine Abirrung, sondern eine bewußte Abweichung ist. Man wird daher abwarten müssen, ob es sich um eine einmalige Gewaltkur handelt oder nicht.

Viel bedenklicher ist RG. 107 S. 377 ff., weniger RG. in LZ. 1928 S. 975. Durch Reichsverordnung vom 4. 5. 1920 war den Inhabern privilegierter Abdeckereien auferlegt worden, für Häute, die ihnen bisher wesentlich unentgeltlich abgeliefert werden mußten, den Tiereigentümern eine Vergütung zu geben. Es wurde also das Privileg der unentgeltlichen Bezugsberechtigung in Ansehung von Tierhäuten aufgehoben, und zwar ohne Entschädigung. Dies wurde vom RG. als Enteignung angesehen, für die entsprechend Art. 153 II S. 2 RV. durch Reichsgesetz die Entschädigung ausgeschlossen worden sei. Dies läßt sich nicht aufrecht erhalten, mag man auch noch so sehr das Wohl der Allgemeinheit [1]) unterstreichen. Hierauf trifft das zu, was sich gegen die Entscheidung RG. 111 S. 320 ff. geltend machen läßt, daß jedes neue Gesetz beanspruchen muß, zum Wohle der Allgemeinheit zu ergehen, eine Verbesserung des bestehenden Rechtszustandes herbeizuführen; daß kein Gesetz, das nicht derartiges von sich aussagt, innere Berechtigung hat. Zugegeben, daß Mißstände entstanden waren, aber diese rechtfertigen denn doch nicht eine echte Enteignung. Die Reichsverordnung verfügte oder leitete nur eine richtige Einziehung ein, wie die Dritte Steuernotverordnung, die Goldbilanzenverordnung und die Aufwertungsgesetzgebung.

Ebenso zu beurteilen ist der in LZ. 1926 S. 544 = JW. 1926 S. 1444 mitgeteilte Fall. Durch das preußische Volksschullehrerdiensteinkommengesetz v. 17. 12. 1920 § 53 sind im

[1]) Vgl. die kritischen Bemerkungen Zeilers S. 21 f.

wesentlichen die Schulunterhaltungskosten den Gemeinden zugeschoben. Der klagende Gesamtschulverband behauptete Verstoß gegen Art. 153 II S. 2 RV. und drang damit durch. Der Fiskus war auf Grund privatrechtlichen Titels seinerzeit von dem Appellationsgericht Celle zur Tragung der Unterhaltungskosten verurteilt worden, weil er Rechtsnachfolger des Klosters H. in vermögensrechtlicher Beziehung sei und als Eigentümer des klösterlichen Grundbesitzes die Unterhaltungskosten seit unvordenklicher Zeit getragen habe. RG. sagt, solche Privatrechtstitel seien durch § 53 getroffen, und dies verstoße gegen Art. 153 RV. Auch hier liegt nicht Enteignung, sondern Einziehung vor.

Genau dasselbe ist zu sagen von RG. 109 S. 323 (anhaltische Kohlenrente). Die Kohlenrente ist eine reine Geldforderung und kann darum ebensowenig wie sonstige Geldforderungen enteignet, sondern nur eingezogen werden. Bei allen Geldforderungen muß der Wegnahmeakt schon an sich aus dem Enteignungsbegriff herausfallen, wenn nicht solche Ausnahmen wie Devisen und internationale Forderungen vorliegen. Das kann man von der Einziehung unbeweglichen Besitzes nicht behaupten, hier ist beides möglich, Enteignung wie Einziehung, und es kommt auf den jeweiligen Zweck an. Entsprechend war der Versuch, dem Gothaer Herzog sein Fideikommiß fortzunehmen (RG. 111 S. 133, vgl. RG. 102 S. 251), ein offenkundiger Konfiskationsversuch, der unter die Enteignung nicht gehörte, also gegen Art. 153 I S. 1, nicht aber gegen Art. 153 II verstieß.

Nicht zuzustimmen ist auch der Benutzung des Enteignungsrechtes, um das thüringische Vorkaufsrecht unschädlich zu machen. Es soll nach RG. ebenfalls gegen Art. 153 II verstoßen, RG. 112 S. 71, weil eine genügende Entschädigung (auch der Rechtsweg) nicht gesichert sei. Auch hier konnte von Enteignung nicht gesprochen werden. Man kann nur schwanken zwischen Änderung der Rechtseinrichtung und Einziehung. Unter beiderlei Betrachtung war das Gesetz ungültig, denn es verstieß unter allen Umständen gegen Art. 153 I S. 1. Änderung der Rechtseinrichtung kam in Betracht, soweit man darauf sieht, daß die Grundstücke immer wieder von dem Vorkaufsrecht betroffen werden konnten. Auf Einziehung führte jedoch die Erwägung hin, daß das Vorkaufsrecht nur der öffentlichen Hand zustehen sollte. Sieht man von der Besonderheit ab, daß das Vorkaufsrecht auch zustehen sollte, wenn der Kaufvertrag unwirksam war, so fehlte doch zur Enteignung der konkrete Benutzungszweck, der durch die konkreten Eigenschaften der Sache bedingt ist. Nicht genug, daß das Gesetz gegen Art. 153 I S. 1 verstieß, auch Art. 13 I RV. und Art. 55 EGBGB. kamen in Betracht. Gesetzliche Vorkaufsrechte einzuführen ist Sache des Reiches, nicht der Länder, denn mit einem gesetzlichen Vorkaufsrecht so allgemeiner Art wird in das BGB. eingegriffen, das solche Vorkaufsrechte nicht kennt. Nur auf dem Vorbehaltsgebiet der Landesrechte ist ein solches Verkaufsrecht möglich, s. u.

Dagegen das sächsische Vorkaufsrecht der öffentlichen Hand ist von dem RG. anerkannt worden, RG. 107 S. 269. Die Frage wurde nur unter dem Gesichtspunkt der Enteignung geprüft, aber nicht unter dem Gesichtspunkt der reinen Vermögenseinziehung. Die Enteignung wurde abgelehnt, mit Recht, trotzdem die Rechtfertigung in Art. 109 EGBGB. gefunden. Das RG. beruft sich darauf, daß der spätere Entwurf den im ersten Entwurf enthaltenen Ausdruck Enteignung nicht beibehalten habe. Dies beweist angesichts der von Smoschewer[1]) beigebrachten Belege über die eigentlich gemeinten Anwendungsfälle nicht. Trotzdem hat das RG. das Vorkaufsrecht unter die Beschränkung des Art. 109 EGBGB. gebracht[2]). In RG. 112 S. 72 kehrt dasselbe sächsische Vorkaufsrecht wieder, wird aber von demselben OLG. in Widerspruch mit seiner

---

[1]) JW. 1924 S. 1964 f. Smoschewer sagt mit Recht, daß Art. 109 EGBGB. nur die Enteignung und enteignungsähnliche Tatbestände umfasse, und weist nach, daß weiter gehende Eingriffe abgelehnt seien. Auf den Streit um das Wesen des dinglichen Vorkaufsrechtes brauchen wir hier nicht einzugehen. Durch die folgenden Ausführungen Oberneds a. a. O. ist Smoschewer nicht widerlegt, zumal Oberneck den Zusammenhang des Art. 109 mit der Benutzbarkeit verkennt, s. Text u.

[2]) Außerdem wird in dieser Entscheidung der Begriff des öffentlichen Interesses derart verflüchtigt, daß schließlich kein Gesetz übrig bleibt, für das nicht ein „öffentliches Interesse“ i. S. des RG. nachgewiesen werden könnte.

früheren Entscheidung angegriffen, und zwar mit der Begründung, das Vorkaufsrecht müsse stets im öffentlichen Interesse ausgeübt werden, und dies sei durch den Vorkaufsberechtigten zu beweisen, sei aber nicht schlüssig dargelegt. Das sächsische Gesetz hätte ein Vorkaufsrecht nur einführen dürfen, wenn es dieses an das Vorhandensein des öffentlichen Interesses knüpfte. Das OLG. ging davon aus, es käme zur Rechtfertigung des sächsischen Gesetzes nur Art. 109 EGBGB. in Betracht. Dagegen RG. holt Art. 119,1 EGBGB. heran und wechselt in bezug auf Art. 109 EGBGB. unverkennbar seine Stellung. Es läßt als Rechtfertigungsgrund für das landesgesetzliche Vorkaufsrecht den Art. 109 stillschweigend fallen und hält an seiner früheren Auslegung des Art. 109 nur insofern fest, als sich aus ihm ergeben soll, daß das Vorkaufsrecht eine Belastung sei, die an sich als Belastung(!) unter Art. 109 mit einbegriffen sein könne, S. 78 unten, 79. Andernfalls würde es nicht die Hülfe bei Art. 119 EGBGB. gesucht haben, mit dem es letzlich ausschließlich seine neue Entscheidung begründet. Aber auch in dieser neuen Auslegung des Art. 109 ist ihm nicht zu folgen, da sie übersieht, daß Art. 109 ausweislich der Belege durchaus den Zusammenhang mit der Benutzung, der Benutzbarkeit, festhält. Die Enteignung oder Beschränkung wird gerechtfertigt, weil eine besonders gute Benutzbarkeit zum Wohl der Allgemeinheit durch die konkreten Eigenschaften der konkreten Sache gewährleistet ist oder weil das öffentliche Interesse wegen der konkreten gefährlichen Eigenschaften der konkreten Sache fordert, daß die Benutzung unmöglich gemacht werde. Das ist der klare Sinn des Art. 109 und mit ihm ist die Auslegung des RG. unverträglich[1]). Aber auch Art. 119, 1 EGBGB. reicht nicht. Mögen landesrechtliche Güterzertrümmerungsgesetze, Teilungsgesetze, Grundstücksverkehrsgesetze, Landbeschaffungsgesetze ein Vorkaufsrecht eingeführt haben, deshalb wird das sächsische Vorkaufsrecht nicht gültig. Es ist zwar eine große Benachteiligung für den Eigentümer, aber noch keine Beschränkung der Veräußerung. Die Veräußerung findet doch

[1]) S. Smoschewer a. a. O., s. o. S. 44.

statt. Der Veräußerer wird irgendwie gebunden, beschränkt, richtiger belästigt, aber nicht die Veräußerung.

Wie man aus den Entscheidungen sieht, ist geltend gemacht worden, daß ein Vorkaufsrecht dritter als positive Aneignungsbefugnis über die bloße Beschränkung hinausgehe. Mit Recht, aber das RG. ist darüber hinweggegangen. Zu Unrecht. Auch hier erweisen die Belege bei Planck zu Art. 119, daß an alles andere eher gedacht ist, als an ein landesrechtliches Vorkaufsrecht der öffentlichen Hand. Man könnte über Vorkaufsrechte schon viel eher reden, wenn sie nicht ausschließlich einer bestimmten Art juristischer Personen zustehen sollten. Wäre z. B. ein allgemeines Vorkaufsrecht der Nachbarn, der Miteigentümer landesrechtlich vorgesehen, so würde sich zwar noch immer fragen, wie derartiges gerechtfertigt werden sollte, doch wäre dann wenigstens ein Bedenken ausgeräumt. Die alleinige Vorkaufsberechtigung der öffentlichen Hand hat denn auch in RG. 107 S. 261 die Erörterung über die Enteignung nach sich gezogen. Das ist verständlich, denn wenn mir durch Gesetz ein Vorkaufsrecht gegeben wird, kann ich dem Eigentümer durch Ausübung des Vorkaufsrechtes sein Eigentum wegnehmen. Zwar ist diese Wegnahme nur ausnahmweise eine Enteignung und wird im Zweifel eine Einziehung, d. h. Wegnahme um der Wegnahme willen sein, aber die gedankliche Fühlungnahme zur Enteignung hinüber ist wenigstens nach einer Richtung hin zu verstehen. Darum wäre es auch haltbar gewesen, dem landesrechtlichen Vorkaufsrecht als einer verkappten Einziehung die Anerkennung zu versagen. Es bewährt sich immer wieder, daß es auf den Zweck ankommt, zu dem die „Enteignung" vorgenommen wird, daß der formale äußere Tatbestand der bloßen Wegnahme oder Aneignung oder Vernichtung usw. nicht genügt, sondern der Zweck und nur der Zweck das Allbeherrschende und Entscheidende ist[1]).

---

[1]) Sonst wäre die Entscheidung des OLG. Stuttgart, JW. 1926 S. 1677, unverständlich. Nach württembergischen Grund-, Gebäude- und Gewerbesteuergesetz liegt die Gewerbesteuer als öffentliche Last auf den zum gewerblichen Betriebsvermögen gehörenden Gegenständen, und zwar auch dann, wenn diese Gegenstände nicht Eigentum des Steuerpflichtigen sind. Die Steuerbehörde pfändete zwei Eisschränke

Das RG. will dies damit widerlegen, daß der Verkäufer ja nicht hätte zu verkaufen brauchen, also immerhin freiwillig verkaufe, nicht unter juristischem Zwange handele. Dagegen soll nicht eingewandt werden, daß oft genug wirtschaftlicher Zwang besteht, aber bewiesen wird damit doch nur, daß der Verkauf bloße Auslösung für die Aneignungsbefugnis der öffentlichen Hand ist. Ob nun „enteignet" wird aus Initiative des Dritten allein oder ob eine Verkaufserklärung des Eigentümers vorhergehen muß, ist für die Aneignung unerheblich.

Die einzige Rechtfertigung für dieses allgemeine öffentliche Vorkaufsrecht wäre in der Erwägung zu finden gewesen, daß es sich um eine Änderung der Rechtseinrichtung handele. Aber auch diese Rechtfertigung mußte scheitern, und zwar an dem EGBGB. Wenn das Vorkaufsrecht nicht durch die Siedelungs- und Heimstättengesetzgebung oder durch einen gesetzlich anerkannten Zweck, vgl. Art. 62, 63, 65, 66, 69(?), 113, 114 EGBGB., gerechtfertigt wurde, ließ es sich nicht halten. Es ist aber nicht abzusehen, inwiefern diese Bestimmungen dem Vorkaufsrecht sollten zur Wirksamkeit verhelfen können. Außerdem würde sich noch fragen, ob nicht der in Art. 153 RV. gemäß beachtlicher Meinung zugesagte Schutz des Eigentums als Rechtseinrichtung in Frage käme, s. o. S. 4 Anm. 2.

Eine weitere Grenzverwirrung besteht darin, daß das RG. gelegentlich der Einziehung, oder in seinem Sinne gesprochen, der Enteignung nicht das ihr zukommende Recht gegeben, sie eingeengt hat. In RG. 76 S. 208 hat das RG. zutreffend gesagt: „In die Bestimmungen der Reichsgesetze, die

---

und zwei Wirtschaftsgasherde, die tatsächlich zum Gewerbebetriebe benutzt wurden. Der klagende Eigentümer behauptete, daß die Pfändung gegen Art. 153 RV. streite und wurde abgewiesen, weil es sich überhaupt nicht um Enteignung handle. Entweder ist die württembergische Bestimmung gültig, oder sie ist ungültig. Im ersten Fall ergibt sich, daß die reine Zweckbestimmung den Wegnahmeakt von der Enteignung unterscheidet, eine solche also nicht vorliegen kann. Im zweiten Fall bezweckte die Wegnahme lediglich eine Bereicherung um der Bereicherung willen, und zwar um einer ungerechtfertigten Bereicherung willen und verstieß dann gegen Art. 153 I S. 1 RV. Dies auseinander zu halten ist nur mit der Zweckbestimmung möglich.

für die Entstehung, das Erlöschen, die Übertragung der auf dem Reichsrecht beruhenden Rechte und Ansprüche erlassen sind, darf von der Landesgesetzgebung nicht eingegriffen werden." Im Gegensatz dazu heißt es in dem Urteil v. 8. Januar 1926 VI. 380/1925, die Annahme des OLG., die Übertragung des Eigentums an den landesherrlichen Fideikommiß ohne Einhaltung der im BGB. und in der GBO. bestimmten Formen werde durch die Vorbehalte des Art. 57 I oder des Art. 59 EGBGB. gedeckt, sei dann nicht zu beanstanden, wenn das nichtrevisible konfiszierende Landesgesetz mit dem OLG. in bestimmter Weise auszulegen sei. Wie das Konfiskationsgesetz auszulegen war, ist unerheblich, es ist auch nicht anders als alle die vielen Landesgesetze, mit denen den landesherrlichen Familien ihr Privatbesitz genommen wurde. Unter keinen Umständen konnte es, wie man es auch auslegte, durch Art. 57 I oder Art. 59 EGBGB. gedeckt werden. Art. 57 bezieht sich nur auf die personelle Befreiung der Mitglieder landesherrlicher Familien, princeps legibus solutus est. Aber diese Befreiung mußte durch Hausverfassung oder Landesgesetz irgendwie praktisch durchgeführt sein. Wo dies nicht geschehen war, mußte BGB. durchgreifen [1]). Aber selbst wenn derartige Landesgesetze da gewesen wären, so wäre damit noch nicht geholfen gewesen. Die Landesgesetze konnten den personellen Vorbehalt nicht auf Personen ausdehnen, die nicht zu der landesherrlichen Familie gehörten. Also war beispielsweise die Folge: Die Mitglieder der landesherrlichen Familie waren von den Formvorschriften frei, aber ihr Gegenüber, das nicht zur landesherrlichen Familie gehörte, nicht. Das bedeutet z. B. bei Veräußerungen: Der Geber war nicht an das BGB. gebunden, wohl aber der Nehmer. Uneingeschränkt wirkte der Vorbehalt also nur, wenn die Mitglieder der landesherrlichen Familien unter sich handelten. Aber auch da gab es noch bestimmte Schranken selbst für den Verkehr der Mitglieder der landesherrlichen Familien untereinander. Soweit Grundstücke in das Grundbuch eingetragen waren und das Grundbuch als angelegt galt, waren die Güter, solange

[1]) Vgl. Planck EG. Art. 57.

die Eintragung dauerte, dem BGB. unterworfen. Durch die Eintragung war deutlich kundgetan worden, daß die Güter nach BGB. behandelt werden sollten. Es war eine juristische Unmöglichkeit, für eingetragene Güter nach Anlegung des Grundbuches plötzlich Übertragungsformen zuzulassen, die mit dem Grundbuchrecht in schärfstem Widerspruch stehen. Mindestens hätten die Güter vorher ausgebucht sein müssen. Hätten sie gewissermaßen in der Rechtswelt vagiert, konnte man vielleicht die auch dann zu verneinende Frage aufwerfen, ob durch Art. 57 ein privilegium odiosum für die landesherrlichen Familien gegeben sei, was doch im Zweifel sicher zu verneinen war.

Ebensowenig konnte das Konfiskationsgesetz durch Art. 59 EGBGB. gedeckt werden. Fideikommißgesetzgebung bezieht sich nur auf erbrechtliche Nachfolge, Gebundenheit des Inhabers, Mitwirkung und Unterhaltsansprüche der Agnaten. Gebundenheit des Inhabers, Mitwirkung und Unterhaltsansprüche der Agnaten können das Konfiskationsgesetz schon ihrer Natur nach nicht rechtfertigen. Also könnte es sich höchstens um das Erbrecht handeln. Dieses Erbrecht muß aber auch ein wirkliches Erbrecht sein, d. h. der Anfallberechtigte, der Erwerber muß mit dem letzten Inhaber verwandt sein. Von einer Verwandtschaft des konfiszierenden Staates mit dem Inhaber hat denn doch niemand zu reden gewagt. Gegen die Ausführung des RG. sprach außerdem, daß außer dem Inhaber des Fideikommisses noch sonstige Verwandte da waren, denen ihr Erbrecht, und überhaupt ihr agnatisches und kognatisches Recht entzogen werden sollte [1]). Außerdem wollte das Konfiskationsgesetz gerade keine erbrechtliche Nachfolge, sondern etwas ganz anderes, eine Aneignung unter Lebenden. Das Fideikommißrecht regelt immer nur die

[1]) Vgl. zu der Frage, ob die Vernichtung von Anwärterrechten verfassungswidrig ist. Mielke: Die verfassungsrechtlichen Bedenken gegen den dem Preußischen Landtag vorliegenden Fideikommißgesetzentwurf, Berlin 1929 S. 6 ff. Er formuliert: „Aufhebung der Fideikommisse bedeutet: Beseitigung der fideikommißrechtlichen Verfügungsbeschränkungen, der privatrechtlichen Bindungen" S. 5 f. Ferner: „Zum Zwecke der Auflösung der Fideikommisse dürfen weder Bestandteile des Fideikommißvermögens dem Eigentümer weggenommen, noch be-

rechtlichen Beziehungen einer bestimmten Familie und innerhalb einer bestimmten Familie zu einem bestimmten Gute, rechtfertigt aber niemals einen Eingriff von außen. Hier hat das RG. die Einziehung als solche verkannt und ihr ein privatfürstenrechtliches oder fideikommißrechtliches Mäntelchen übergeworfen, ohne Not, gegen gutes Recht[1]). Seine Ausführung ist um so unbegreiflicher, als in RG. 102 S. 254 schon das Richtige gesehen und gesagt worden ist: „Die Schmalkaldner Forsten mögen . . . der Fideikommißgesetzgebung des Staates Gotha unterliegen oder unterlegen haben, das (konfiszierende) Gesetz vom 31. 7. 1919 hat aber mit der Fideikommißgesetzgebung als solcher nichts zu tun." Das RG. setzte sich also mit sich selber in Widerspruch.

In RG. 121 S. 168 f. hat das RG. die preußisch-rechtliche Abänderung einer Stiftungssatzung, durch die einzelne Bezugsberechtigte das ihnen stiftungsgemäß zustehende Wohnrecht in zwei der Stiftung gehörenden Häusern verloren, als Enteignung angesehen, die jedoch nach § 85 BGB. nicht entschädigungspflichtig mache. M. E. kann dies nicht mit der Enteignung zusammengebracht werden[2]), sondern gehört unter § 87 BGB., und zwar so ausschließlich, daß daneben für Enteignung kein Raum bleibt. Das RG. hat § 87 abgelehnt, zu Unrecht. Denn, wenn den Wohnberechtigten ihre Berechtigung entzogen wurde, so war dies eine wenigstens teilweise Änderung der Stiftungssatzung, jedenfalls eine Änderung der Zweckbestimmung. Diese Änderung aber hatte pflichtgemäß derart zu erfolgen, daß, wie Mügel mit Recht betont, dem Willen des Stifters nach Möglichkeit entsprochen wurde. Folglich war zu versuchen, das Wohnrecht gegen irgendwelche nicht zu hoch bemessene Opfer der Wohnbe-

---

stehende Anwärterrechte zerstört werden" S. 7. Ferner Holstein: Fideikommißauflösung und Reichsverfassung S. 7, 11, 20. Beide wandeln insofern in den Bahnen des RG., als sie reine Einziehungen als Enteignungen behandeln und unter Art. 153 II S. 2 stellen, statt unter Artikel 153 I S. 1.

[1]) Seine durch den Zusammenhang nicht geforderte Bemerkung hat der klagenden Partei gute Rechte im Werte von vielen Millionen gekostet.

[2]) Vgl. hierzu die eingehende Kritik Mügels in JW. 1928 S. 3239.

rechtigten aufrechtzuerhalten, denn die Änderung mußte so erfolgen, daß nicht ein einzelner Stiftungszweck einseitig zugunsten der anderen Stiftungszwecke zurückgesetzt wurde. Vielmehr war ein gerechter Ausgleich anzustreben, der anscheinend nicht versucht worden ist. Ob die Änderung, wenn sie notwendig war, durch die „zuständige Behörde", § 87 BGB., oder unmittelbar durch Gesetz erfolgte, war gleichgültig. An sich steht einer gesetzlichen Regelung nichts entgegen, aber auch nicht einer Ermächtigung an eine bestimmte Behörde, die Änderung vorzunehmen. Die durch Art. 55 EGBGB. zusammen mit § 87 BGB. gegebene Beschränkung des Landesrechtes gilt noch heute, obgleich § 87 BGB. ebenso wie Art. 55 EGBGB. wesentlich staatsrechtlich und nicht privatrechtlich ist. Es heißt zwar in Art. 55, daß die privatrechtlichen Vorschriften der Landesgesetze außer Kraft treten, aber man hat damals augenscheinlich den von der Reichstagskommission eingefügten § 87 als privatrechtlich angesehen. Nun darf man aber nicht beliebige Willkür der zuständigen Behörde unterstellen, diese sollte ihr durch § 87 BGB. sicher nicht gegeben werden, sondern sachlich begründetes Ermessen. Es hätte daher zunächst versucht werden müssen, mit den Mitteln des Verwaltungsrechtes die Änderung der Satzung anzufechten und eine Neuordnung zu verlangen, die auch den Belangen der Wohnberechtigten gerecht würde. Die zivilrechtliche Klage war zu früh angestellt, sachlich konnte die Entscheidung des RG. bei dieser Sachlage nicht gut anders ergehen, die Begründung jedoch ist bedenklich. Insbesondere ist auch bedenklich die Annahme, daß es sich um das Wohl der Allgemeinheit handele, das ist bei einer Privatstiftung denn doch zu weit hergeholt[1]). In Wirklichkeit hat die Änderung der Stiftungssatzung am meisten Ähnlichkeit mit der Änderung

[1]) Dagegen mit Recht schon Mügel a. a. O. S. 3240. Mügel verwirft die Verwendung der Enteignung aus anderen Gründen, der Eingriff der Behörde richtete sich gegen die Stiftungssatzung und nicht gegen die Anwärter. Dies scheint mir jedoch unbestreitbar. An sich käme der Verwaltungsakt doch auf eine Enteignung hinaus, aber hierfür ist eben nicht maßgebend das Enteignungsrecht, sondern § 87 BGB.

der Rechtseinrichtung. Sie ist ein verwaltungsrechtliches Seitenstück zu ihr, für das besondere Bestimmungen gegeben sind, denn § 87 RGB. ist öffentlich-rechtlich.

Die Kürzung der Beamtengehälter[1]) kann niemals als Enteignung angesprochen werden, es fehlt jede Beziehung zur Gewinnung einer besseren Benutzbarkeit, alles läuft auf etwas rein Finanzielles hinaus, das bezeichnend für die Einziehung ist, aber zur Enteignung nicht paßt. Es kommt immer wieder auf die Erwägung hinaus: Reine Geldforderungen sind nur unter ganz besonderen Verhältnissen (internationale Forderungen, Devisen) Gegenstand der Enteignung. Es kann sich also nur fragen, ob eine Einziehung zulässig ist. Keinesfalls kann das, was vor dem Einziehungsakt fällig geworden ist, also als abgeschlossener Anspruch dasteht, dem Beamten nachträglich ohne verfassungsänderndes Reichsgesetz genommen werden. Es fragt sich nur, wie es mit der Altersgrenze steht. Ist ihre Neuregelung eine Einziehung, dann sind die Beamten hiergegen verfassungsmäßig geschützt. Sind sie aber nicht verfassungsmäßig geschützt, dann läßt sich der Eingriff in die Beamtenrechte nur als Rückwirkung bei Gelegenheit der Neuordnung einer Rechtseinrichtung ansehen. Dies wäre die einzige Möglichkeit, die Erfrühung der Altersgrenze zu rechtfertigen, sie wird später erörtert werden. Die Beweisführung des RG. in RG. 104 S. 58 ff., 66 ff. überzeugt nicht. Tatsächlich ist mindestens die Erfrühung der Altersgrenze[2]) eine Einziehung von Gehaltsansprüchen: der Beamte bekommt an Stelle des vollen Gehaltes nur einen Bruchteil. Ob man diesen Bruchteil Pension, Ruhegehalt nennt, ist unerheblich, er ist immer noch und nur Teil des alten Gehaltes. Das RG. hat sich damit geholfen, daß es sagte, an Stelle der individuellen Dienstunfähigkeit sei die erfahrungsgemäß durchschnittliche getreten und das sei dasselbe. Das ist keineswegs so, sondern eine offenbare Fiktion, für jeden Beamten

---

[1]) Die Frage ist verkannt von Reise S. 113.

[2]) In bezug auf die künftigen Alterszulagen mögen die Dinge verschieden liegen. Wenn ausdrücklich dem Anspruch auf Alterszulagen die Erzwingbarkeit abgesprochen ist, kann natürlich auch das Recht der Alterszulagen für die Zukunft geändert werden.

gab es ein Recht der individuellen Dienstunfähigkeit, jeder einzelne Beamte hatte dieses Recht und für jeden einzelnen Beamten — hierauf kommt es allein an — war die Ersetzung der individuellen Dienstunfähigkeitsgrenze durch die angeblich typische nur dann kein Eingriff in seine Rechte, wenn seine individuelle Dienstunfähigkeit tatsächlich mit der typischen zusammenfiel. Das will aber besagen, daß die Rechtfertigung des RG. den entscheidenden Punkt nicht trifft. Das RG. verwechselt überhaupt dreierlei: Änderung der Rechtseinrichtung, Rückwirkung und Einziehung. Merkwürdigerweise hat das RG., das doch sonst so weitherzig in der Anwendung seines Enteignungsbegriffes ist, bei dieser Gelegenheit von ihm keinen Gebrauch gemacht. Von dem Standpunkte des RG. aus, müßte die Altersgrenze als Enteignung angesprochen werden. Auch Art. 104 I S. 3 steht dem nicht entgegen, denn dieser kann auf Beamte, die schon auf Lebenszeit angestellt waren, als die Altersgrenze neu festgesetzt wurde, nicht angewandt werden. Auch hier würde der einzige Rechtfertigungsgrund in der Rückwirkung des Art. 104 I S. 3 liegen, wenn eine solche zweifelsfrei angeordnet wäre. Das durfte angesichts Art. 129 und Art. 153 aber nicht angenommen werden, wenn nicht klare, überzeugende Beweise dafür zu erbringen waren, es würde der sehr zurückhaltenden Praxis in der Rückwirkungsfrage auch nicht entsprochen haben. S. u. Rückwirkung.

Zugunsten der hier bekämpften Meinung kommt in Betracht, daß die herrschende Meinung dem Beamten einen öffentlich-rechtlichen Anspruch auf sein Gehalt gibt, m. E. ohne zwingenden Grund, aber diese Lehre herrscht in Theorie und Praxis nun einmal und stellt den tatsächlich geltenden Rechtszustand dar. Dennoch zwingt auch sie wenigstens dort nicht, wo dem Beamten ein vor dem ordentlichen Richter verfolgbarer Anspruch auf sein Gehalt gegeben ist. Damit wird der vermeintlich öffentlich-rechtliche Anspruch als zivilrechtlicher in einem so weitgehenden Maße, nach seiner wichtigsten Seite hin behandelt, daß eine Anwendung des Art. 153 kein Bedenken leidet. Dies auch dann, wenn man Furlers Ansicht, s. o. S. 19 f., ablehnt.

In der Erfrühung der Altersgrenze steckt eine Einziehung von Rechtsansprüchen, die schon da aber noch nicht fällig waren. Sie sind nicht etwa dem Dasein nach befristet, sondern nur der Fälligkeit nach. Etwas anderes wäre es gewesen, wenn die künftigen über die neue Altersgrenze hinausgehenden Ansprüche dem Dasein nach befristet gewesen wären. Das kann man aber deshalb nicht sagen, weil die Annahme unmöglich ist, der nach dem 65. Lebensjahr fällige Anspruch sei erst nach diesem Jahr entstanden, vorher sei nichts da gewesen, jedenfalls nichts, was nicht ohnehin hätte entzogen werden können. Dies wird durch den Vergleich mit der gern als Beispiel angeführten Erbaussicht bewiesen. Diese kann mit dem Gehaltsanspruch des Beamten nicht verglichen werden, denn das gesetzliche Erbrecht hängt von zu vielen Zufälligkeiten ab, die dem Gehaltsanspruch des Beamten ganz fremd sind. Dazu kommt noch, daß der Titel des Beamten auf einem behördlichen, rechtsgeschäftlichen Akt beruht, also ein Sondertitel ist, während selbst das Pflichtteilsrecht nur auf einen allgemeinen gesetzlichen Titel gestützt werden kann. Änderung der Rechtseinrichtung ist auch Änderung des gesetzlichen allgemeinen Titels, wogegen Änderung der Rechtseinrichtung und Aufhebung des rechtsgeschäftlichen Sondertitels verschieden sind. Der Beamte bekommt sein Gehalt nicht, weil das Gesetz ihm das Gehalt verleiht, sondern weil die behördliche Anstellung ihm das Gehalt gibt. Daß diese nur dann wirksam ist, wenn sie sich innerhalb der gesetzlichen Grenzen hält[1]), ändert hieran nichts. Ohne den besonderen rechtsgeschäftlichen Titel der Anstellung nützt dem Beamten das beste Gesetz nichts.

Hält man fest, daß der Anspruch des Beamten auf einem rechtsgeschäftlichen Titel des öffentlichen Rechtes beruht, und vergleicht man mit entsprechenden Erscheinungen des bürgerlichen Rechtes, wird das Vorstehende weiter bestätigt. Der Vermieter hat sofort mit Abschluß des auf mehrere Jahre lautenden Vertrages den Anspruch auf sämtliche späteren

---

[1]) Man kann darüber streiten, das würde aber höchstens den Beweis verstärken.

Gefälle. Dieser Anspruch ist sogleich mit Abschluß des Vertrages da und entsteht nicht erst später, wenn der Fälligkeitstermin herangekommen ist. Das Gleiche gilt von dem in Teilzahlungen zurückzuerstattenden Darlehn. Noch deutlicher ist es bei der Rente. Der Anspruch auf die späteren Rentengefälle wird nur später fällig, aber ist sofort bei Begründung der Rente entstanden und wird bei Kapitalisierung veranschlagt. Man könnte ja sonst keinen Unterschied machen, wie es sein sollte, wenn jemand Anspruch auf täglich auszuzahlende Gefälle hätte. Daß unter Umständen z. B. bei Leibrenten der Anspruch mit dem Tode des Berechtigten untergeht, bedeutet nur eine auflösende Bedingung. Wenn jemand Anspruch auf das jeweils gesetzliche hat, sind solche Ansprüche natürlich abänderlich im Umfang, aber durchaus nicht ohne weiteres entziehbar.

Auch die Erwägungen des RG. in der Frage, ob der Beamte bei verspäteter Gehaltszahlung Zinsen fordern könne, RG. 109 S. 120 ff., sind nicht glücklich[1]). Einmal soll Art. 129 I S. 3 sich nicht auf solche Rechte beziehen, die der Beamte mit anderen Gläubigern gemeinsam hat, also nicht auf Zinsen wegen verspäteter Gehaltszahlung, sodann sollen die Voraussetzungen der Enteignung gegeben sein, wenn eine solche, was das RG. nach seinen eigenen Worten freilich zu bezweifeln scheint, S. 121, überhaupt vorläge. Das erste überzeugt nicht, denn den Beamten sollen doch offenbar durch Art. 129 ihre Daseinsrechte oder ihre Daseinsbedingungen gesichert werden. Dazu gehört nicht bloß das Gehalt, sondern auch seine rechtzeitige Auszahlung. Das zweite wird dem RG. nur dadurch möglich, daß es das „Wohl der Allgemeinheit" genau in demselben unbestimmten, um nicht zu sagen verschwommenen Sinne nimmt wie bei der Entscheidung zur Steuernotverordnung, RG. 107 S. 375. Jede Beziehung zur Benutzung und Benutzbarkeit ist aufgegeben und nur die reine Einziehung bleibt übrig, wenn sie nicht ausnahmsweise durch die Rückwirkung ausgeschaltet wird.

---

[1]) Vgl. Kaufmann JW. 1924 S. 1036, der augenscheinlich an Art. 153 I S. 1 RV. denkt.

Die Rechtsstellung der Beamten ist überhaupt weder privatrechtlich noch öffentlich-rechtlich geeigneter Gegenstand der Enteignung. Die ausreichende Gewährleistung steckt in Art. 129 und Art. 153 I S. 1, und zwar für alle vermögensrechtlichen Rechte der Beamten. Die Hauptsache ist, daß erkannt und festgehalten wird, wie gänzlich ungeeignet die Beamtenrechte für eine Enteignung sind.

VII.

Aus vorstehendem ergibt sich, daß die Rechtsprechung Tatbestände der reinen Konfiskation als (entschädigungslose) Enteignung behandelt, weil sie jedes Recht, auch die reine Geldforderung für enteignungsfähig erklärt; daß sie ferner unnötigerweise noch an dem „Unternehmen" festhält und daß sie drittens das Wohl der Allgemeinheit in Unbestimmtheit auflöst. Alles dieses hat einen und denselben Grund, die Verkennung, daß es sich bei echten Enteignungen immer um den bloßen Benutzungswert der Sache handelt, nie um den Kapitalwert.

Der zweite Fehler ist das Hineingleiten in die Tatbestände der bloßen öffentlich-rechtlichen Behinderung in der Nutzung ohne dinglichen Substanzverlust.

Im übrigen ist nochmals bestätigt: Dem Nutzungswert entspricht die Enteignung, dem Kapitalwert die Einziehung.

Das RG. hat aber, wie schon angedeutet, mehrfach das Richtige gesehen und deutlich ausgesprochen.

In RG. 103 S. 202 ist ausdrücklich der rein finanzielle Nutzen aus dem Nutzen der Allgemeinheit herausverwiesen worden und in RG. 114 S. 33 heißt es zutreffend, das Bankgesetz vom 30. August 1924 widerstreite nicht dem Art. 153 RV., da die Inhaber der alten Reichsbanknoten weder von einer Enteignung i. S. des Art. 153 II, noch von einer anderweitigen mit Absatz 1 daselbst unvereinbaren Einziehung von Vermögenswerten betroffen seien. Damit ist der richtige Weg eingeschlagen und das RG. hat weiter in RG. 121 S. 9 erkannt, daß die Wegnahme deutschen Privateigentums in den Reichslanden durch Frankreich weiter nichts als Konfiskation sei. Unterscheidet sich diese aber irgendwie von innerdeutschen Wegnahmen, auf die die hier festgestellten Merkmale der Enteignung nicht zutreffen?

Der praktische Wert der Unterscheidung zwischen Einziehung und Enteignung liegt darin, daß bei echter Enteignung gemäß Art. 153 II S. 2 ein gewöhnliches Reichsgesetz die Entschädigungspflicht ausschließen kann, während dies bei der Einziehung, falls sie nicht ausnahmsweise entsprechend Art. 109 EGBGB. erlaubt ist, also auch dem Reichsgesetzgeber erlaubt sein muß, nur durch verfassungänderndes Gesetz ermöglicht werden kann [1]).

VIII.

Ein Proteus ist der Kontrahierungszwang [2]). Er kann die Vorbereitung zu einer Enteignung oder zu einer Einziehung, Konfiskation sein, braucht es nicht zu sein. Es kommt darauf an, welchen Gegenstand das mittels Kontrahierungszwang geschaffene Rechtsverhältnis hat. Geht es auf Dienste, so wird man nicht von Enteignung reden, wenngleich es sich sehr wohl um die bessere Verwertung der Fähigkeiten des Schuldners handeln kann, also die Dienste einem besseren Zweck zugeführt werden. Diese Rechtfertigung würde in einem solchen Fall der Kontrahierungszwang mit der Enteignung gemeinsam haben, ohne darum doch zu einer Enteignung zu werden [3]).

Vorbereitung der Enteignung ist anscheinend der Kontrahierungszwang, der in Ansehung von bestimmten Waren durchgeführt worden ist, als die Kriegs- und Nachkriegswirt-

---

[1]) Mißverständnis bei Reise a. a. O. S. 93 Anm. 26. Ich habe nie daran gedacht, das Reich von Schranken zu befreien, die für das Land in Ansehung von Art. 109 EGBGB., 153 I RV. bestehen.

[2]) In dieser Frage vertrete ich heute eine abgeänderte Ansicht gegenüber meiner Schrift, Enteignung und Einziehung nach alter und neuer Reichsverfassung, S. 5, 35.

[3]) Wohl aber würde dieser Fall geeignet sein für eine entsprechende Anwendung des Enteignungsrechtes. Es ist nicht abzusehen, wieso jemand in den Gegenständen seines Sachenrechtes besser geschützt sein soll, als in seiner Arbeitskraft.

schaft zu den gesetzlichen Beschlagnahmen schritt [1]). Die gesetzliche Beschlagnahme scheint im Grunde ein abgekürztes in besonderen Formen sich vollziehendes Enteignungsverfahren zu sein und traf alle, die die betreffenden Waren hatten, ununterschieden, konnte heute den, morgen jenen treffen. Insofern handelte es sich nicht um eine gegen eine einzelne bestimmte Person gerichtete Maßnahme; getroffen wurden vielmehr bestimmte Gattungen von Waren, wie, wann und wo und in wessen Hand sie auch auftauchten. Dieser Umstand weist auf die Enteignung hin, denn beschlagnahmt wurden die Sachen wegen ihrer Eigenschaften, weil sie für die Kriegswirtschaft und die Kriegsliquidation gebraucht wurden. Nun kann es keinen Unterschied machen, ob die Zahl der beschlagnahmten Sachen größer oder geringer ist, eine Enteignung kann sich auch gegen eine sehr große aber geschlossene Zahl von Sachen richten. Dies jedenfalls dann, wenn man anerkennt, daß die Enteignung durch Gesetz ausgesprochen werden kann. Dann ist es technisch möglich, eine sehr große Zahl von Sachen durch einen einzigen Enteignungsakt zu treffen und zwar in der Form, daß sie nicht individuell, sondern nach Gattungsmerkmalen bezeichnet werden. Um so mehr wird man an einem anderen Erfordernis festhalten müssen, daß der Enteignungsakt, sei er nun Gesetz, sei er Verordnung, sei er Verfügung, sich auf eine festgeschlossene Zahl von Sachen beziehen muß. Will der anscheinende Enteignungsakt jedoch die unbegrenzte Zahl aller künftig auftauchenden, entstehenden oder sichtbar werdenden Sachen erfassen, dann liegt schon eine Änderung des objektiven Rechtes als solchen vor [2]).

---

[1]) Auch Wittmayer erkennt die Anforderung als enteignungsähnlich an, S. 739. Gleiches gilt von § 7 I des Ges. v. 5. 7. 1927 über die Entnahme von Warenproben gegen Entschädigung.

[2]) Dies verkennt Rieß LZ. 1928 S. 222 Anm. 4 in seiner Polemik gegen Baak. Die Wohnungsmangel- und Mieterschutzgesetzgebung will grundsätzlich die unbegrenzte Zahl aller gegenwärtigen und künftigen Anwendungsfälle erfassen, s. o. S. 41. Daß die praktisch notwendigen Einzelmaßnahmen nicht sofort und allgemein durchgeführt werden konnten, ist kein Gegenbeweis, es kommt auf die ausnahmslose Geltung des abstrakten Satzes an, nicht darauf, was praktisch daraus wird.

Es ist dann alles so anzusehen, als ob beispielsweise der § 134 BGB. einen Zusatz erhielte: Gesetzlich verboten sind Rechtsgeschäfte über Spinn- und Webwaren, Häute, lebendes Vieh usw. Das wäre Ausfüllung des in § 134 enthaltenen Blankettsatzes. Es würde nicht etwa bloß der Stand der subjektiven Rechte verändert, vielmehr würde auch das objektive Recht selber, die Rechtseinrichtung, verändert werden, da ja die unbegrenzte Zahl der gegenwärtig vorhandenen und künftig auftauchenden Sachen von der allgemeinen Bestimmung ergriffen wird. Man wird daher die gesetzlichen Beschlagnahmen der Kriegswirtschaft nicht unter die Enteignungen, sondern unter die Änderung des objektiven Rechtes zu bringen haben.

Tatsächlich lag nun freilich bei den Maßnahmen der Kriegs- und Nachkriegswirtschaft ein Doppeltes vor, Änderung der Rechtseinrichtung und Enteignung zugleich. Es kann untersucht bleiben, ob überall zivilrechtlicher Kontrahierungszwang vorlag und nicht öffentlich-rechtliche Beschlagnahme nach dem Muster von Arrest und einstweiliger Verfügung, für unsere Untersuchung ist dies unerheblich. Wichtiger ist, daß die Neuordnung die doppelte Wirkung hatte, die schon vorhandenen Vorräte, also eine geschlossene Zahl von Sachen, zu erfassen, zugleich aber auch die künftigen Sachen erfaßbar zu machen. Verwaltungsrechtliche Beschlagnahmen von Fall zu Fall gehören zum ersten, die gesetzliche allgemeine Ermächtigung zum zweiten. Dies wiederholt sich bei der Mietzwangsgesetzgebung. Die behördlichen Beschlagnahmen von Mieträumen können durchaus zur Enteignung gehören. Dann sind Mietzwangsgesetz und Wohnungsmangelgesetz das Gesetz, das die allgemeine Ermächtigung zur Enteignung gibt und die einzelne Beschlagnahme usw. ist der Enteignungsakt. Mit Recht hat das RG. in RG. 105 S. 253, in der Beschlagnahmeverfügung einen Enteignungsakt des Hamburger Bezirkswohnungskommissars gefunden[1]). Die Enteignung rich-

[1]) Weitere Entscheidungen in RG. 108 S. 252; 111 S. 226; 112 S. 189; JW. 1924 S. 800; 1925 S. 1394 = Warneyer 1925 Nr. 137 = LZ. 1925 S. 774. Baak R. u. Pr. Verwbl. 49 S. 17, 33; Ruth JW. 1925 S. 1365; Auerbach JW. 1924 S. 788, 1925 S. 1364; Rosenberg JW. 1928 S. 454.

tete sich nicht gegen den Eigentümer, sondern gegen den Mieter, der aus einem unmittelbaren Besitzer teilweise zu einem mittelbaren Besitzer wurde und dementsprechend an der ihm zustehenden Ermächtigung, s. o. S. 6, Einbuße erlitt. Diese Enteignung wurde verfügt und das konkrete Mietverhältnis wurde geschaffen auf Grund eines die Rechtseinrichtung der Miete ändernden Gesetzes. Insofern ist die Miet- und Wohnungsmangelgesetzgebung nach mehrfacher Richtung hin bedeutsam. Einmal als Änderung der Rechtseinrichtung, sodann wegen der Rückwirkung, ferner als allgemeine Legitimation, die den einzelnen Enteignungsakt rechtfertigt, zugleich als Enteignungsgesetz, das die Enteignungsformen regelt, sodann als Gesetz über den Kontrahierungszwang.

Die gesetzlichen Vorschriften erhoben und erheben den Anspruch, die unbegrenzte Zahl aller künftigen Anwendungsfälle zu ergreifen, keinerlei Unterschied zu machen, niemand zu bevorzugen, niemand zurückzusetzen. Der mietrechtliche Kontrahierungszwang bedeutete an sich zunächst nur einen ganz allgemeinen Rechtssatz, mochte auch der Gedanke bestehen, diesen Satz später wieder außer Kraft zu setzen. Jedenfalls sollte er, solange er galt, ausnahmslos gelten, sich gegen jedermann richten, nicht bloß gegen eine bestimmte einzelne Person. Die zeitliche Dauer entscheidet nicht, sondern die allgemeine und ausnahmslose Anwendung [1]) während der zeitlichen Dauer. Auch darauf kommt es nicht an, daß die gesetzliche Vorschrift allmählig immer mehr eingeengt worden ist. Der von ihr betroffene Personen- und Sachenkreis wird in sich gleichmäßig behandelt und ist vor allem nicht fest geschlossen. Diese Erwägung ist auch maßgebend für die nunmehr gegenstandslos gewordene Frage, ob landesgesetzliche Vorschriften über den Mietzwang gültig waren. Bei der Erörterung über die Gültigkeit der landesrechtlichen Vorschriften über den Mietzwang ist übersehen worden, daß es sich um eine Änderung der Rechtseinrichtung handelte, RG. 102 S.

---

[1]) Krückmann JW. 1928 S. 647.

165. Es kam daher in erster Linie Art. 131 RV. in Betracht, nicht Art. 153.

Zum Kontrahierungszwang als Vorbereitung einer Einziehung gehört auch das thüringische Vorkaufs-, richtiger Ankaufsrecht, das von dem RG. für ungültig erklärt worden ist, RG. 112 S. 71 s. o. S. 43 f.

Ebenso das in RG. 107 S. 269; 112 S. 72 behandelte sächsische Vorkaufsrecht, das mit seiner Richtung gegen den Bodenwucherer nun gar jede Beziehung zu dem Benutzungswert der Sache vermissen läßt. Es wendet sich ausdrücklich gegen zwar noch nicht bestimmte, aber bestimmbare Personen, das Grundstück kommt nur als Kapitalwert, Ware in Betracht. Es handelt sich um wohlgemeinte und entgeltliche, aber doch unerlaubte Einziehung oder vielmehr genauer um einen beschränkten Kontrahierungszwang zu diesem Zwecke. Die öffentliche Hand soll nur haben, damit andere nicht haben können. Für das sonstige wird auf die frühere Erörterung verwiesen, s. o. S. 44 ff.

Ergebnis: Der Kontrahierungszwang als solcher kann unmittelbar der Enteignung nur dann eingereiht werden, wenn er als Zwang zur Benutzungsüberlassung funktioniert. Es ist Ansichtssache, ob man dies als bloß enteignungsähnlich bezeichnen will. Er kann ferner Vorbereitung und Einleitung zu einer Enteignung aber auch zu einer Einziehung sein. Regelmäßig wird er wohl mit einer Änderung der Rechtseinrichtung verbunden sein und wenn dies zutrifft, mehren sich die Bedenken gegen einen landesrechtlichen Kontrahierungszwang noch aus anderen Gründen.

IX.

Dringend notwendig ist es, den Enteignungsbegriff an der Rückwirkung des Gesetzes zu prüfen. Bisher haben wir alle diese Seite der Frage übersehen, während doch gerade die Rückwirkung schlüssig beweist, in welcher Weise der Enteignungsbegriff der RV. auszulegen ist.

Von der Rückwirkung macht das RG. und ihm folgend

die ganze Praxis unbedenklich Gebrauch[1]) und es geht in der Tat auch nicht ohne sie. Die Frage ist aber nicht, ob, wann ein Gesetz rückwirkende Kraft hat, ob man auch ohne ausdrückliche Anordnung der rückwirkenden Kraft eine solche unterstellen kann, sondern die Frage ist, ob eine ausdrücklich angeordnete Rückwirkung seit Art. 153 RV. zulässig ist. Es scheiden daher alle die Zweifelsfragen aus, ob und wann ein einzelnes Gesetz rückwirkende Kraft vorgeschrieben hat, und es ist nur zu erörtern, wie es ist, wenn ein Gesetz sich irgendwelche Rückwirkung zuschreibt. Das Bedenken gegen die Rechtsgültigkeit ergibt sich aus folgendem: Rückwirkung ist immer Eingriff in eine geschlossene Zahl von Rechtsverhältnissen. Je bestimmter anzuerkennen ist, daß der grundsätzlich unbestrittene Satz gilt: Die Rechtsverhältnisse werden nach dem Rechte beurteilt, das zur Zeit ihrer Entstehung gültig war, um so mehr muß gefragt werden, woher seit Art. 153 RV. irgendein Gesetz die Legitimation hat, eine festgeschlossene Zahl von Rechtsverhältnissen, die durch das ältere Recht ihrer Zeit endgültig festgelegt worden sind, nachträglich irgendwie zu ändern. Ein besonders überzeugender Beleg ist das Reichstumultschädengesetz, das in § 13 Ansprüche auf Grund von Tatbeständen gibt, die vor dem Gesetz liegen, und das in § 15 bestimmte vor Inkrafttreten des Gesetzes entstandene Ansprüche nachträglich wieder beschneidet, RG. 102 S. 154.

Auch die Mietgesetzgebung kennt die Rückwirkung, die eingehend erörtert ist in dem Urteil RG. 102 S. 166.

Die Rückwirkung ist außerdem anerkannt in RG. 106 S. 354; 107 S. 373; 108 S. 143 mit Belegen aus der Rechtsprechung zugleich mit der weitgehenden Anwendung, daß auch Gesetze, die nach Erlassung des Berufungsurteils ergangen sind, in der Revisionsinstanz zu berücksichtigen sind;

[1]) Die grundsätzliche Zulässigkeit der Rückwirkung ist in so vielen Fällen, insbesondere bei der Aufwertungsgesetzgebung, anerkannt, so daß ein Nachweis im einzelnen unterbleiben kann. Es sei verwiesen auf die in § 7 des systematischen Registers zu Bd. 111—120 der Reichsgerichtsentscheidungen mitgeteilten Erkenntnisse. Nirgends wird die grundsätzliche Zulässigkeit bezweifelt und nur ausnahmsweise wird sie aus besonderen Gründen versagt.

RG. 108 S. 361; 110 S. 80 ff., insbesondere S. 85 (in concreto nicht anerkannt, jedoch unter zweifelloser grundsätzlicher Anerkennung); das gleiche gilt von RG. 123 S. 408 f.; 112 S. 12: „Nun ist anerkannt, daß der Gesetzgeber die rechtliche Macht hat, seinen Bestimmungen rückwirkende Kraft beizulegen, und dieser Grundsatz gilt im allgemeinen auch für Rechtsverordnungen [1]).“

Richtig entschieden ist der Fall RG. 115 S. 340. Die Stadt stellte einen Sparkassenrendanten nach Gruppe 8 der staatlichen Besoldungsordnung an, wurde aber gemäß dem Besoldungssperrgesetz angewiesen, ihn in Gruppe 7 einzustufen, d. h. sie sollte ihre Besoldungsordnung ändern. Sie zahlte infolgedessen nur nach Gruppe 7, wurde verklagt und siegte. Der Kläger behauptete Verletzung eines wohlerworbenen Rechtes, von dem RG. wurde u. a. Rückwirkung des § 9 III des Besoldungssperrgesetzes angenommen. Dessen Sinn ist: Eine unzulässige Besoldungsordnung erstarkt nicht durch die Genehmigung der zuständigen Behörde, sondern ist auf Weisung der obersten Landesbehörden abzuändern. Dieser nachträglichen Abänderung wurde rückwirkende Kraft beigelegt, so daß der Stadt die Fähigkeit fehlte, den Rendanten in Gruppe 8 einzustufen, und dem Rendanten die Fähigkeit, eine solche Einstufung zu erwerben. Dies wurde mit Recht trotz Art. 129 I S. 3 RV. erkannt.

Die Rückwirkung ist also tatsächlich unbestritten und wird unbedenklich angewandt. Man zerbricht sich aber nicht den Kopf, wieso dieser Eingriff in bestehende Rechtsverhältnisse soll gerechtfertigt werden können, denn es läßt sich in keiner Weise, mit keinen Gründen bestreiten, daß jede Rückwirkung ein Verstoß gegen Art. 153 I RV. ist. Von Enteignung kann nicht gesprochen werden. Wenngleich jedes Gesetz seine innere Berechtigung daraus herleitet, daß es den vermeintlichen

---

[1]) Nicht eigentlich hierher gehört RG. 109 S. 315: gleichzeitiges Inkrafttreten eines Reichsgesetzes und eines Landesgesetzes, die sich widersprechen. Erwähnt sei noch die Rückwirkung verwaltungsrechtlicher Genehmigung, RG. 123 S. 330 ff. Hier ist die Möglichkeit, daß durch die rückwirkende Kraft in bestehende Rechte eingegriffen werden könne, ausdrücklich anerkannt.

verbesserungsbedürftigen Rechtszustand verbessern will, daß es also im allgemeinen Sinne „zum Wohle der Allgemeinheit“ wirklich oder angeblich ergeht, so reicht dies doch nicht aus, um hier mit den Enteignungsgrundsätzen zu helfen. Rückwirkung ist ein Tatbestand sui generis und als solcher unbedingt anzuerkennen, aber nicht mit ganz anderen Erscheinungen zu vermengen. Der große Unterschied ist, daß die Rückwirkung zwar sich gegen eine geschlossene Zahl von Anwendungsfällen richtet, aber nur zu dem Zweck[1]), um den gegenwärtigen Rechtszustand dem künftigen anzupassen. Dies ist die eigentliche aber auch voll ausreichende Rechtfertigung, die zugleich der Rückwirkung ihren besonderen Platz anweist[2]). Mit ihr wird gleichmäßige Behandlung aller gegenwärtigen und künftigen Rechtsverhältnisse angestrebt, Enteignung und Einziehung wollen aber das gerade Gegenteil, wollen eine Ausnahmebehandlung bestimmter Rechtsverhältnisse und unter Umständen wie bei den gegen die Fürsten gerichteten Gesetzen eine Ausnahmebehandlung bestimmter Personen, stehen also zu der Rückwirkung in scharfem Gegensatz.

Fragen wir also nochmals, woher das einzelne Gesetz, sei es Reichsgesetz, sei es Landesgesetz, seine Befugnis zu rückwirkender Kraft nimmt, so muß zunächst zugestanden werden, daß in Art. 153 ausdrücklich eine Antwort nicht gegeben ist. Sie kann aber nur in Art. 153 gefunden werden, denn diese Vorschrift ist die einzige Bestimmung, die für diese Frage in Betracht kommen kann. Beispielsweise kann man sich nicht auf Art. 109 I RV. berufen, weil die Rückwirkung Gleichheit herbeiführen soll. Die Gleichheit besteht nicht darin, daß jeder das gleiche hat, sondern darin, daß jeder gleichmäßig in dem geschützt wird, was er hat. Also nicht Gleichheit in dem Gehabten, sondern Gleichheit in dem Schutz des Gehabten. Der Streit, wie weit der Gleichheitsschutz des Art. 109 RV. reiche: Gleichheit in der Rechtsanwendung oder Gleichheit in der Rechtssetzung, berührt uns nicht. Es genügt festzustellen, daß

---

[1]) Abermals ein Beweis, wie durchaus es auf den Zweck der „Enteignung“, Einziehung, des Eingriffes ankommt.

[2]) Krückmann JW. 1928 S. 646.

die engste wie die weiteste Auslegung des Gleichheitsbegriffes für die Rückwirkung unerheblich ist. Die Rückwirkung ist überhaupt kein Gleichheitsproblem, der Augenschein trügt. Angleichung der alten Rechtsverhältnisse an den neuen Rechtszustand ist gleiche und ungleiche Behandlung in einem, es kommt nur darauf an, von wo man ausgeht. Also je nach der Betrachtungsweise kann man sagen, daß die Rückwirkung geradezu dem Art. 109 RV. widerspricht, mindestens jedoch nicht daraus hergeleitet werden kann. Es bleibt daher nur übrig, die Zulässigkeit der Rückwirkung in Art. 153 hineinzuinterpretieren. Dies hat aber auch keine Schwierigkeit, wenn man nur das Vorurteil aufgibt, der Enteignungsbegriff des Art. 153 müsse im wesentlichen etwas ganz Neues und anders sein als der frühere. Erkennt man an, daß der Art. 153 sich in den wesentlichen Zügen dem früheren Rechtszustande anpaßt, dann ist damit auch seine Auslegung in Ansehung der Rückwirkung ohne weiteres gerechtfertigt. Das ergibt zwangsläufig die weitere Folgerung: Weil es unerläßlich ist, die Rückwirkung in Art. 153 hineinzunehmen, ist es unerläßlich, Art. 153 überhaupt möglichst in Anschluß an den bisherigen Rechtszustand zu verstehen, folglich muß auch der frühere Enteignungsbegriff in Art. 153 hineingenommen werden. Wie man die Sache auch anfaßt, wir kommen wegen der Rückwirkung keinenfalls darum weg, Art. 153 möglichst in Anschluß an den bisherigen Rechtszustand auszulegen. Dazu kommt, daß, wie Anschütz ausdrücklich zugibt, sich für einen besonderen neuen und die geschichtliche Entwicklung gewissermaßen abschneidenden Sinn des Art. 153 kein Beweis erbringen läßt[1]). Diese Anpassung an

---

[1]) Anschütz Anm. 7 zu Art. 153. Seine Erwägungen sind wesentlich rechtspolitischer Natur, weil er Art. 153 II auf Enteignung und Einziehung anwenden will, die Einziehung nicht unter Art. 153 I bringt. Bei ihm muß, wie bei den meisten, nach einem hübschen Wort von Brinz das Mitgefühl den fehlenden Quellenbeweis ersetzen, trotzdem kommt eine Gewaltsamkeit heraus. Die Vertreter eines uneingeschränkten Enteignungsbegriffes, den sie entgegen aller geschichtlichen Kontinuität willkürlich aufstellen, sollten diese Gewaltsamkeit eigentlich fühlen. Das um so mehr, als das von ihnen angestrebte

den bisherigen Rechtszustand ist aber auch deshalb notwendig, weil sonst die Einziehungen des Zoll- und Strafrechtes, aber auch die Verfallerklärung verbotswidrig eingeführter Waren, VO. v. 16. 1. 1917, Hamburger Hafengesetz v. 2. 6. 1927 [1]), sich nicht würden rechtfertigen lassen, wenn sie neu ergehen. Diese Eingriffe fand die RV. vor und hat sie nicht beanstandet [2]), also in sich aufgenommen. Scheinbar ist es das Selbstverständlichste der Welt, daß die strafrechtlichen Einziehungen, insbesondere auch die landesstrafrechtlichen Einziehungen, zulässig sind, sein müssen. Sieht man genau zu, so ist diese Selbstverständlichkeit angesichts Art. 153 trotz des Art. 7, 2 durchaus nicht gegeben. Sie ist nur dann anzuerkennen, wenn eben Art. 153 in Anschluß an den bisherigen Rechtszustand ausgelegt wird. Dabei ist aber festzuhalten, daß Art. 153 dem gewöhnlichen Reichsgesetz die Bahn freigibt nur, wenn es sich wirklich um ein echtes, allgemeines Strafgesetz handelt, nicht aber ein Konfiskationsgesetz äußerlich als Strafgesetz aufgemacht wird [3]). Auch in dieser Frage zeigt sich, wie man immer wieder zur Auslegung des Art. 153 aus dem bisherigen Rechtszustand zurückkehren muß. Es kann füglich auch schon aus allgemeinen Erwägungen heraus nicht gut anders sein. Wenn äußere Anzeichen für eine andersartige Neuordnung fehlen, innere Notwendigkeiten dafür

praktische Ergebnis sich vollständiger und durchschlagender mit der hier vertretenen Auslegung des Art. 153 erreichen läßt. Auf Allgemeinheiten wie: Die Grundrechte der Verfassung müßten nach ihrer stärksten Wirkungskraft ausgelegt werden, ist nichts zu geben. Wir fangen auch hier nicht neu und von vorne an, und überdies ist die stärkste Wirkungskraft des Art. 153 mit meiner Auslegung gegeben.

[1]) Vgl. dazu Hamburger VG. in JW. 1927 S. 1290.

[2]) Vgl. noch Art. 32, 34, 35 EGBGB. und zur Verfallerklärung Dochow JW. 1922 S. 284.

[3]) In dieser Hinsicht kommen die Betrachtungen Schmitts: Unabhängigkeit der Richter, Gleichheit vor dem Gesetz usw. S. 16 zu ihrem Rechte. Nur die Neuordnung einer Rechtseinrichtung gibt die Möglichkeit, durch einfaches Reichsgesetz strafrechtliche Einziehungen zu verfügen, die als Einzelmaßnahmen, konkrete Vermögenseinziehungen, dem einfachen Reichsgesetz nicht zustehen. Dagegen die Betrachtungen S. 19 daselbst sind nicht klar.

ebenfalls nicht da sind, macht sich das „zwingende Gesetz der geistigen Kontinuität" geltend.

Diesem Gesetz der geistigen Kontinuität hat das RG. auch mehrfach Rechnung getragen, wo es glaubte, nicht durch vermeintlich zwingende andere Rücksichten gebunden zu sein, vergl. RG. 105 S. 253 (Entschädigung auch des Mieters nach dem Muster des preußischen Enteignungsgesetzes); 107 S. 269 („es ist nicht anzunehmen, daß die Reichsverfassung, ohne dies erkennbar zu machen, unter dem Begriff der Enteignung etwas anderes verstanden hätte, als das in dem größeren Teil von Deutschland geltende preußische Enteignungsgesetz")[1]); 112 S. 191, 192 („der von dem Gesetz gewählte Ausdruck, ganz besonders im Zusammenhange mit dem vor Erlaß der RV. geltenden Recht, auf das doch das Wort Entschädigung statt Schadensersatz deutlich hinweist. Bereits der VII. Zivilsenat hat in der JW. 1924 S. 800 Nr. 7 abgedruckten Entscheidung vom 29. Juni 1923 (VII 465/22) zur Bestimmung des reichsverfassungsmäßigen Begriffs der Enteignung auf das preußische Enteignungsgesetz vom 11. Juni 1874 zurückgegriffen. Auch bei der Abgrenzung der nach der Reichsverfassung zu leistenden Enteignungsentschädigung muß man das tun, da nach den Tendenzen der Reichsverfassung nicht anzunehmen ist, daß sie dem von einer Enteignung Betroffenen mehr Rechte hat geben wollen, als ihm in solchem Falle nach dem im größeren Teile Deutschlands bis dahin geltenden Rechte zustanden.")

Jede berechtigte Abweichung, s. o. S. 4 ff., soll ohne weiteres zugestanden werden; sie braucht nicht einmal zwingend notwendig zu sein, wenn sie nur sonst genügende innere Berechtigung hat, aber unnötige Verschwommenheiten, für die es besseres gibt, sind abzuweisen.

Da ist nun die Frage, wo die Rückwirkung in Art. 153 RV. unterzubringen ist. Dafür kommt nur Absatz 1 in Betracht. Dieser ist dementsprechend zu verstehen: Das Eigentum in der Art seiner Behandlung, wie sie jetzt

[1]) Von mir gesperrt.

üblich ist, wird durch die Verfassung gewährleistet. Damit wird die Rückwirkung der Gesetze erlaubt. Es galt unser Recht vor „reformerischen“ Hemmungslosigkeiten und doktrinären wie einseitig politisch bedingten Eingriffen zu schützen. Dazu war nur nötig, daß alles im wesentlichen so blieb, wie es war. Wortreicher Aufwand über neue große Ideen der RV. ist jedenfalls in Ansehung des Art. 153 nicht gerechtfertigt.

Daraus ergibt sich weiter, daß der Schutz gegen die Einziehung nicht in Art. 153 II zu finden ist, hier höchstens in einem Umkehrschluß gefunden werden kann, sondern unmittelbar aus Art. 153 Absatz 1 herzuleiten ist, der dahin verstanden werden muß: Ungerechtfertigte Einziehung verstößt gegen die Verfassung. Andererseits gerechtfertigte Einziehung im Sinne des Art. 109 EGBGB. ist wieder durch Abs. 1 Satz 2 anerkannt: Inhalt und Schranken ergeben sich aus den Gesetzen. Denn Satz 2 sagt nur: Der zuständige Gesetzgeber kann die Rechtseinrichtung ändern. Wieweit aber die Änderung der Rechtseinrichtung möglich ist, ob nicht die scheinbare Änderung der Rechtseinrichtung sich an anderen Vorschriften der RV. stößt, darüber schweigt sich Art. 153 I S. 2 aus. Selbst über die Rückwirkung ist in Satz 2 nichts enthalten, denn Rückwirkung ist keine Änderung der Rechtseinrichtung, sondern Eingriff in eine geschlossene Zahl von Rechtsverhältnissen. Sie setzt Änderung der Rechtseinrichtung voraus, ist aber von ihr durchaus verschieden. Also ist die Zulässigkeit der Rückwirkung kraft der geschichtlichen Auslegung in Art. 153 I S. 1 als unvermeidliche Ausnahme hineinzunehmen.

Die Folge davon ist, daß der Schutz gegen die ungerechtfertigte Einziehung nicht in Art. 153 II und den Bestimmungen über die Enteignung zu finden ist, sondern in Abs. 1 [1]). Es besteht darum auch kein Bedürfnis, den Enteignungsbegriff so auszuweiten, wie es von verschiedenen Schriftstellern, insbesondere Anschütz, geschehen ist. Vielmehr können wir ruhig bei dem bisherigen Enteignungsbegriff bleiben und werden mit angemessener Anwendung des Einziehungs-

---

[1]) So mit Recht Zeiler, s. o. S. 40, 41.

begriffes und der durch die Rückwirkung gebotenen Auslegung des Art. 153 erheblich weiter kommen.

Aber auch dies reicht noch nicht ganz aus. Das RG. hat es für eine, allerdings wegen Art. 153 II S. 2 RV. entschädigungsfreie Enteignung erklärt, daß durch Reichsverordnung den privilegierten preußischen Abdeckereien der unentgeltliche Bezug der Häute genommen wurde; es hat dem von der Schulunterhaltungslast befreiten Schulverband geholfen, als ihm durch das allgemeine Schulunterhaltungsgesetz ebenfalls die Unterhaltungskosten auferlegt wurden; ebenso hat es den Gläubigern der anhaltischen Kohlenrente geholfen. In allen Fällen könnte man scheinbar sagen, es handle sich um Anpassung des gegenwärtigen Rechtszustandes an den künftigen, um die sonst grundsätzlich und unbedenklich anerkannte Rückwirkung. Diese Betrachtungsweise liegt besonders nahe in dem Fall, wo der Schulverband ebenso wie die anderen Gemeinden mit der Schulunterhaltungspflicht belastet wurde. Aber man muß sich hier vor einem Beobachtungsfehler hüten. Zweifelsfrei konnte Preußen allen Gemeinden und Schulverbänden die Schulunterhaltungspflicht auferlegen, d. h. sie zur unmittelbaren Vorlage der Kosten zwingen, aber es konnte dem Schulunterhaltungspflichtigen nicht seinen Rechtstitel nehmen, kraft dessen er an dem Staat als Rechtsnachfolger des Klosters H. sich erholen, also Rückgriff nehmen konnte. Dieser Rückgriff ist das Entscheidende. Man sieht an dem Urteil LZ. 1926 S. 544 nicht ganz klar, wie die Klage angefaßt worden ist. Die öffentlich-rechtliche Last, unmittelbar zunächst für die Schule zu sorgen, konnte keinenfalls, noch dazu in einem Verfahren vor dem ordentlichen Richter, abgestoßen werden. Sie war rechtswirksam auferlegt, und hierin war der Staat durchaus in seiner Zuständigkeit geblieben, jedoch war er über sie hinausgegangen, als er den privatrechtlichen Rückgriffstitel des Schulverbandes vernichten wollte. Mochte nun ursprünglich der Schulverband ein Recht darauf gehabt haben, daß der Staat unmittelbar die Versorgung der Schule übernehme, oder mochte sein Anspruch von allem Anfang an ein bloßer Rückgriffsanspruch gewesen sein, jedenfalls war das Recht des Verbandes spätestens mit dem preußischen Gesetz zu einem solchen Rückgriffstitel geworden [1]). Die Rückwirkung war also schon da, aber ausschließlich auf öffentlich-rechtlichem Gebiet, dem privatrechtlichen Rückgriffstitel tat sie keinen Abbruch. Einfacher liegt die Sache bei der anhaltischen Kohlenrente und den Abdeckereien. Bei der Kohlenrente war sogar dem Erfordernis genügt, daß ein ausdrückliches Gesetz eine Neuordnung der Dinge herbeiführte. Bei den Abdeckereien konnte man vielleicht sagen: Der entgeltliche Bezug der Häute war die überwiegende Regel, also der tatsächliche Rechtszustand, dem die Neuordnung anzupassen war. Aber hier stimmt doch etwas nicht. Dieser als allgemeiner angenommene Rechtszustand wurde nicht etwa erst neu eingeführt, sondern war alt überkommen. Es wurde also nicht ein neuer Rechtszustand mit Zukunftswirkung eingeführt, sondern die Privilegien sollten dem Gegenwartsrechtszustand, der zugleich der Vergangenheitsrechtszustand war, geopfert werden. Also einigermaßen stimmt es höchstens bei der anhaltischen Kohlenrente. Aber diese Rückwirkung schlug in eine offenbare Einziehung guten Rechtes um, im Sprachgebrauch des RG. in eine Enteignung. Wir kommen damit auf die allgemeine Grenze der Rückwirkung überhaupt. Diese kann hier nicht untersucht und festgestellt werden, es muß genügen, auf die wohl einmütige Meinung hinzuweisen [2]), daß das neue Recht an sich keine Rückwirkung habe und sie nur dann habe, wenn es sie sich zweifelsfrei beilegt. Es wird

---

[1]) Wenn durch das neue Gesetz der Titel des Schulverbandes nur zu einem Rückgriffstitel geworden ist, hat sich die Lage des Staates nur verschlechtert, denn es ist angenehmer, selber die Schule zu versorgen, als sich im Rückgriff zu Ausgaben heranziehen zu lassen, auf die man keinen bestimmenden Einfluß hat.

[2]) Vgl. hierzu v. Tuhr: Allg. Teil des Bürg.R's I S. 15 ff.; Endemann: Lehrbuch I § 16 mit Verweisungen; Enneccerus: Lehrbuch I §§ 55, 56; Crome: System § 24; Windscheid Pand, § 32; Regelsberger Pand, §§ 47, 48; Gierke: Deutsches Privatrecht, §§ 23, 24. Ein überzeugender Grundsatz für die Abgrenzung ist, wie v. Tuhr a. a. O. S. 17 bemerkt, nicht gefunden. Immerhin läßt sich soviel sagen, daß die Rückwirkung den Fortbestand der unter dem alten Rechte begründeten Rechte voraussetzt, sich grundsätzlich nur auf deren Neugestaltung oder (Sachenrecht) auf deren Umfang bezieht. Die im Text besprochene

ferner gesagt und ist auch nicht unrichtig, daß das neue Recht sich nicht zurückziehe vor bloßen Möglichkeiten und Erwartungen, dagegen fest abgeschlossene Rechte achte (Windscheid a. a. O. § 32, 1). Das will sagen, daß voll entwickelte Rechte als abgeschlossene Tatsachen der Vergangenheit geachtet werden. Wir können hier ununtersucht lassen, inwiefern der Eingriff in die Entwicklung früher begründeter Rechtsverhältnisse zulässig sein soll, denn in allen von dem RG. als Enteignung behandelten Fällen sind fest abgeschlossene Rechte, an denen sich nichts mehr ändern konnte, als Gegenstand der „Enteignung" angesehen worden. Es kam mehrfach nur der reine Personenwechsel in Betracht. Das ist natürlich schon an sich niemals Rückwirkung. Diese ist Änderung des Rechtsverhältnisses selber, noch genauer Änderung der alten Rechtseinrichtung, aber an sich noch nicht die Loslösung eines subjektiven Rechtes von der Person des Berechtigten und Übertragung auf einen anderen. Wäre sie aber Rückwirkung, so wäre sie unter allen Umständen die schärfste Form der Rückwirkung, der schwerste Eingriff, der überhaupt bei der Rückwirkung vorkommen kann und den man beispielsweise nicht mit der Aufhebung der Leibeigenschaft vergleichen darf. Hier bestand die Wirkung in der Vernichtung sämtlicher subjektiven Rechte, aber nicht in ihrer Übertragung unter Erhaltung der Rechtseinrichtung[1]). Dagegen die hier zur Frage stehenden Tatbestände

---

Frage ist verschieden von der anderen Frage, welche Wirkung Kündigung, Rücktritt, Anfechtung, Aufrechnung, kurz alle zerstörenden Handlungen, die unter der Herrschaft des neuen Rechtes vorgenommen werden, haben sollen. Das gleiche gilt von der Frage, was als Erfüllung zu gelten hat. Dies sind Akte zwischen den Parteien und die etwaige Rückwirkung wird mit Rücksicht auf die Gegenpartei angeordnet. Diese Rechtfertigung kommt bei reinen Einziehungen nicht in Betracht.

[1]) Übrigens kann man mit Fug bezweifeln, ob die Aufhebung der Leibeigenschaft (ein mit Vorliebe gebrauchtes Beispiel) überhaupt unter die Rückwirkung gehört. Radikale Vernichtung einer Rechtseinrichtung ist vielleicht als Tatbestand eigener Art zu behandeln, jedenfalls so unbedingt selbstverständlich, wie allgemein angenommen wird, ist der Begriff der Rückwirkung hier nicht, vielmehr liegt es näher, von Einziehung zu reden.

geraten mit der Enteignung i. S. des RG. zusammen, d. h. mit der Einziehung. Man kann diese Tatbestände nicht mehr ausschließlich mit der Rückwirkung anfassen, wenn eine solche Rückwirkung vorliegt, daß sie zur Einziehung ausartet. Sonst könnte ein Landesgesetz unter dem Schein der Rückwirkung jederzeit Art. 153 I, II umgehen, und dies wäre eine Prämie auf möglichst radikale und möglichst rücksichtslose allgemeine „Enteignungen". Derartiges liegt aber weder in der allgemeinen Richtung der Theorie noch der Rechtsprechung und hieße landesrechtlichen Gewaltsamkeiten Tür und Tor öffnen, gegen die sich ja gerade die hauptsächlichste Rechtsprechung des RG., mit Recht, richtet. Tatbestände der Enteignung und noch mehr der Einziehung müssen stets als Tatbestände ihrer eigenen Art behandelt werden und dürfen nicht einfach in der Rückwirkung verschwinden. Sie sind die Sondererscheinung gegenüber der allgemeinen Erscheinung, so daß sich in gewisser Weise das Verhältnis von lex specialis und lex generalis, d. h. von Sonderbegriff, Sonderkategorie zu allgemeinem Begriff, allgemeiner Kategorie wiederholt. Gibt man zu, daß die Sonderregel des Sonderfalles der allgemeinen Regel vorgehen muß, daß ferner die Sätze über Enteignung und Einziehung engere Sonderregeln im Verhältnis zu der viel weiteren Rückwirkung sind, dann ist damit auch gegeben, daß Art. 153 I, II RV. anzuwenden sind, die Rückwirkung vor ihnen haltzumachen hat. Es war daher an sich richtig, daß das RG. die Rückwirkung nicht anwandte (Kohlenrente, Abdeckerei), nur hätte Art. 153 I statt Art. 153 II angewandt werden müssen. Ebenso war nicht § 75 Einl. ALR. das Richtige, sondern Art. 153 I RV. (Kirchenstuhl).

Einmal hat das RG. dem richtigen Gedanken Rechnung getragen, allerdings in eigenartiger Form, RG. 111 S. 129. Es erklärte das ältere gothaische Konfiskationsgesetz, durch das der landesherrlichen Familie ihr Fideikommiß genommen werden sollte, wegen Verletzung der gothaischen Gesetzgebungsformen für ungültig und sprach dem jüngeren Gesetz, in dem das ältere rückwirkend bestätigt wurde, die rückwirkende Kraft ab, weil begrifflich eine Eigentumsübertragung mit rückwirkender Kraft als ausgeschlossen anzusehen sei.

Dieser Grund trifft nicht zu, denn die von der gesetzlichen Rückwirkung zu scheidende Rückwirkung in Ansehung rechtsbegründender Akte, Rechtsgeschäft oder Gesetz, ist immer Fiktion, ist behandeln als ob. Das ist aber unbegrenzt möglich und bei allen subjektiven Rechten denkbar, keinenfalls bestehen irgendwo begriffliche Schwierigkeiten. Unter der Schwelle des Bewußtseins wurde das RG. wohl durch die Erwägung bestimmt, daß ein Verstoß gegen die nach BGB. vorgeschriebenen Formen vorlag, andererseits das rein konfiskatorische Gesetz außerstande war, diese Formvorschriften zu ersetzen. Nicht die Unmöglichkeit der Rückwirkung, sondern die Wirkungslosigkeit der Einziehung schlug durch.

Durchaus gleichartige Erwägungen haben zu der Notverordnung über Steinkohle und Erdöl für Berlin und Umgebung zu gelten [1]). Enteignung liegt keinesfalls vor, sondern nur entweder Einziehung oder Änderung der Rechtseinrichtung, die sich in Rückwirkung erschöpft wie bei den Abdeckereien usw. Von Änderung der Rechtseinrichtung wäre nur in dem Sinne zu sprechen, daß als der herrschende Zustand das angesehen wird, was nun auch in den Landesteilen eingeführt wird, die bisher nach anderem Rechte lebten. Die Rückwirkung würde darin bestehen, daß in den neu betroffenen Landesteilen der Rechtszustand dem Rechtszustand in den anderen Landesteilen angepaßt wird. Die Einziehung

---

[1]) Vgl. hierzu Meyer JW. 1927 S. 2977; R. u. Pr. VerwBl. 49 S. 130; Holstein: Fideikommißauflösung und Reichsverfassung S. 16 ff. Anhang. Kann der preußische Gesetzgeber ohne Rücksicht auf Art. 153 der Reichsverfassung die in den Provinzen Sachsen und Niederschlesien zur Zeit bestehenden Rechte auf Aufsuchung und Gewinnung von Steinkohle und Erdöl ohne Entschädigung dem beteiligten Grundeigentümer entziehen?, RG. 124 S. 19 ff. Meyer und Holstein wandeln ganz in den Spuren des RG., insofern sie seinen Enteignungsbegriff vorbehaltlos annehmen. Man sieht insbesondere bei Meyer auch nicht, was die nähere Bestimmung des Eigentums, S. 131, ist. Dieser Ausdruck kann doch nur von der Änderung der Rechtseinrichtung verstanden werden. Änderung der Rechtseinrichtung ist aber auch im EGBGB. dem Landesrecht überhaupt nicht erlaubt, sondern nur einzelne Abweichungen in bestimmten Fragen. Sehr beachtlich Zeilers Ausführungen in LZ. 1926 S. 873 ff. über die Zulässigkeit der Rückwirkung. Auch hier sieht Zeiler bisher am besten die Wahrheit.

besteht darin, daß den Grundbesitzern ihr Recht einfach weggenommen wird. Nun ist ohne weiteres klar, daß bloße Ausdehnung einer Rechtseinrichtung auf bisher noch nicht betroffene Personen oder Sachen keine Änderung dieser Rechtseinrichtung ist. Die andere, aufgehobene, Rechtseinrichtung wird ebenfalls nicht geändert, sondern eben glatt aufgehoben, dieser „Änderung" kann also nichts angepaßt werden. Damit entfällt auch die schon an sich gesuchte und hier ganz ungesunde Vorstellung der Rückwirkung und übrig bleibt allein die auf einen geschlossenen Kreis beschränkte Einziehung. Diese fordert wegen Art. 153 I S. 1 RV. ein verfassungsänderndes Reichsgesetz.

Wie dringend nötig die Scheidung aller dieser Dinge ist, beweisen die Worte des RG. in der Staatsgerichtshofentscheidung. RG. 124 S. 33*. Es werde das Recht des Grundeigentümers gemindert, dieses sei keine Enteignung, „sondern eine Neuregelung der Gesetzgebung über Inhalt und Schranken des Grundeigentums". Einmal liegt i. S. der bisherigen Rechtsprechung des RG. sicher eine „Enteignung" vor, sodann aber kann die Neuregelung der Gesetzgebung über Inhalt und Schranken des Grundeigentums, wenn sie überhaupt einen anderen Sinn als Enteignung = Einziehung haben soll, nur Änderung der Rechtseinrichtung selber sein. Das ist aber ausgeschlossen, denn dazu ist kein Land berechtigt. Abgesehen davon, daß es keine Änderung der Rechtseinrichtung ist, wenn einer geschlossenen Zahl von Grundbesitzern bestimmte Befugnisse entzogen werden, kann eine solche Änderung durch Landesgesetz überhaupt nicht vorgenommen werden. Es gibt keine Änderung des Eigentums als Rechtseinrichtung bei Rentengütern, Siedlungsgütern, Erbpachthöfen, Heimstätten usw., es gibt höchstens einzelne Abweichungen für bestimmte Grundstücke. Es wird keine Klarheit geben, solange diese Dinge mit der Änderung der Rechtseinrichtung als solcher vermengt werden. Diese Verwirrung ist in der Rechtsprechung zur Dritten Steuernotverordnung wohl zuerst aufgetreten, hat sich seitdem aber mehrfach wiederholt, sie wird, wenn ihr nicht widersprochen wird, den Schutz des Art. 153 I S. 1, 2 durch die unrichtige Anwendung des Art.

153 I S. 2 durchbrechen. Dazu kommt die Verkennung des Art. 111 EGBGB.[1]), die Vermengung von zivilrechtlicher Entziehung und öffentlich-rechtlicher Ausübungsbeschränkung, von der sich selbst Meyer[2]) nicht frei gehalten hat.

Abschließend ist zu sagen: Die Rückwirkung ist als eine Ausnahme ebenfalls in Art. 153 I RV. hineinzutragen, diese Ausnahme ist aber ist aber zu begrenzen durch die ausdrücklich in Art. 153 II geregelte Enteignung sowie durch die ebenfalls in Art. 153 I als verboten hineinzulegende Einziehung. Dieses Einziehungsverbot ist sogar der eigentliche Inhalt des Art. 153 I S. 1.

X.

Gesamtergebnis ist demnach folgendes.

Es sind zu scheiden:

I. Änderung der Rechtseinrichtung, zum allgemeinen Wohle der Allgemeinheit. Kennzeichen: Die Rechtseinrichtung will die unbegrenzte Zahl aller künftigen Anwendungsfälle, sei es auch nur innerhalb eines bestimmten Zeitraumes, erfassen.

II. Eingriff in bestehende Rechtsverhältnisse.

1. Enteignung: Zuführung zu besonderer Benutzung oder Erhaltung der Benutzungsmöglichkeit, gerechtfertigt durch die konkreten Eigenschaften des konkreten Rechtes oder der konkreten Sache, zum besonderen Wohle der Allgemeinheit. Richtung gegen die Sache.

2. Erlaubte Einziehung auf Grund der besonderen Eigenschaften des Rechtes oder der Sache, wegen ihrer Gefährlichkeit usw., zum besonderen Wohle der Allgemeinheit. Rich-

[1]) Wie schon früher in RG. 116 S. 273, wo ein doppelter Fehlgriff vorliegt. Einmal wird aus der rein öffentlich-rechtlichen Ausübungsbeschränkung ein zivilrechtlicher Substanzverlust gemacht, sodann wird dieser zivilrechtliche Substanzverlust als eine Änderung der Rechtseinrichtung, die durch Art. 111 EGBGB. gedeckt sein könnte, angesehen. Schärfer kann man einfache, klare Bestimmungen nicht auseinander argumentieren. Mißbilligend auch Meyer R. u. Pr. VerwBl. 49 S. 131.

[2]) R. u. Pr. VerwBl. 49 S. 131.

tung ebenfalls gegen die Sache, strafrechtlich mit Richtung gegen die Person.

3. Unerlaubte Einziehung, nicht wegen der besseren Benutzbarkeit zum besonderen Wohle der Allgemeinheit, auch nicht wegen der besonderen Gefährlichkeit, sondern lediglich wegen des Kapitalwertes als solchen. Richtung gegen die Person.

4. Kontrahierungszwang als Vorbereitung zu 1, 2, 3. Je nachdem zulässig oder unzulässig.

5. Rückwirkung. Grundsätzlich erlaubt. Voraussetzung ist, abweichend von 1—4, Änderung der Rechtseinrichtung.

III. Öffentlich-rechtliche Behinderung der Rechtsausübung, des Gebrauches.

In der Rechtsprechung des RG. ist die Rückwirkung bisher noch nicht zu Art. 153 in Beziehung gesetzt, ebenso nicht die Tatsache, daß wir bedenkenfreie Einziehungen auf dem Gebiete des Strafrechtes haben, die ebenso wie die Rückwirkung an sich in offenkundigem Widerspruch zu Art. 153 stehen würden, wenn man nicht Art. 153 in Anschluß an den bisherigen Rechtszustand, für den besonders Art. 109 EGBGB. kennzeichnend ist, auslegen würde.

Ferner hat die Rechtsprechung versucht, die reinen Einziehungen unter der Etikette: Enteignung ohne Entschädigung zu fassen. Dadurch ist der Enteignungsbegriff seines geschichtlichen Wesens entkleidet und die Gefahr heraufbeschworen worden, daß entschädigungslose Einziehungen, die als reine Konfiskationen gegen Art. 153 I S. 1 verstoßen, auf Grund von Art. 153 II S. 2 möglich werden. Ein Ergebnis, das schwerlich in der Richtung der von dem RG. verfolgten Ziele liegt. Die Rechtsprechung zur Steuernotverordnung und zu den Aufwertungsgesetzen ist hoffentlich nur etwas Einmaliges und Vorübergehendes, ohne weitere Folgen nach sich zu ziehen. Theoretisch ist sie nicht haltbar. Bedenklich ist gelegentlich die Auslegung des Wohles der Allgemeinheit. Die Enteignung und die erlaubte Einziehung verlangen ein besonderes Wohl der Allgemeinheit und begnügen sich nicht mit dem allgemeinen Wohl, das an sich für jedes Gesetz die Rechtfertigung bieten muß. Dies ist in den Entscheidungen zu der Steuernotverordnung und zu den Aufwertungsgesetzen übergangen worden. An der gleichen Stelle ist anscheinend auch Änderung der Rechtseinrichtung, Rückwirkung und Einziehung miteinander verwechselt worden, s. RG. 107 S. 375; 111 S. 325. Wie dem auch sei, die reinliche Scheidung dieser grundverschiedenen Dinge muß noch vollzogen werden.

Die Entscheidungen zu dem landesgesetzlichen Vorkaufsrecht hätten unter dem Gesichtspunkt angefaßt werden müssen, daß die Begründung einzelner subjektiver Rechte sich nach Reichsrecht richten muß und landesgesetzlich nur auf den ausdrücklich dem Landesgesetz vorbehaltenen Gebieten zulässig ist. Hierfür ist maßgebend das EGBGB. Diese Erwägung ist zum sächsischen Vorkaufsrecht angestellt, aber m. E. nicht zu dem richtigen Schluß geführt. Wie ein allgemeines Vorkaufsrecht des Nachbarn, so muß auch ein allgemeines Vorkaufsrecht der öffentlichen Hand reichsrechtlich eingeführt werden, der Platz gebührt beiden im BGB. Dem Vorkaufsrecht der öffentlichen Hand um so mehr, als hier nicht jedermann durch Besitz oder Erwerb von Grundstücken ein Vorkaufsrecht an dem Nachbargrundstück erwirbt, sondern nur eine eng begrenzte Gruppe von Berechtigten, am letzten Ende nur ein einziger Berechtigter, der Staat. Durch die Beziehung auf die RV. wird diese zweite Erwägung in den Vordergrund geschoben, während doch zuvor die allgemeinere Frage bejahend entschieden sein muß, ob das allgemeine Vorkaufsrecht an Grundstücken, wer auch der Inhaber sei (Nachbar, Staat, Gemeinde), überhaupt landesgesetzlich eingeführt werden darf. Diese Frage ist zu verneinen.

Die Entscheidung zum Hamburger Denkmalschutzgesetz ist aus dem Gebiet sowohl der Enteignung wie der Einziehung ganz herausgegangen und in die Frage des Art. 111 hineingeraten, den das RG. dahin auslegt, daß die landesgesetzliche Vorschrift unmittelbar und ohne Eingriff eines Verwaltungsaktes Inhalt und Begriff des Eigentums beschränke, RG. 116 S. 273.

Im Mietzwangs- und Wohnungsmangelrecht ist anzuerkennen, daß Eingriffe erlaubt sind, die sich der Enteignung unterordnen, aber auch Eingriffe, die dem Art. 111 EGBGB. entsprechen.

Wo ein Entschädigungsanspruch nicht ausdrücklich gegeben ist, wird man wie so häufig schon sich aus dem bürgerlichen Recht den richtigen Gedanken holen müssen, aus der Erwägung heraus, daß es dem Gesetze fernliegt, die Eingriffe, die sich auf rein privatrechtlichem Gebiete halten, entschädigungspflichtig zu machen, andere aber außer Betracht zu lassen, weil die Form des Eingriffes rein öffentlich-rechtlich ist und ihre Wirkung sich nur auf die Ausübungsmöglichkeit bezieht, ohne daß ein Substanzverlust privatrechtlicher Art vorliegt. Dabei ist jedoch festzuhalten, daß die entschädigungspflichtigen Eingriffe Einzeleingriffe sein müssen, daß nicht etwa eine Neuordnung der Rechtseinrichtung aus diesem Rahmen herausführt. Neuordnung der Rechtseinrichtung stellt ihre gesonderten und eigenen Probleme, die nur dann mit Enteignung und Einziehung zu tun haben, wenn sich in Wirklichkeit hinter einer scheinbaren Neuordnung der Rechtseinrichtung eine Enteignung oder Einziehung versteckt.

Keinenfalls können Art. 111 und 119 EGBGB. irgendeine Enteignung oder Einziehung rechtfertigen.

Grundlage für die richtige Einordnung aller Erscheinungen ist immer der materielle Zweck, der bloß formale zivilrechtliche Substanzverlust ist der Enteignung, der Einziehung und der Rückwirkung gemeinsam.

FSC
www.fsc.org
MIX
Papier | Fördert
gute Waldnutzung
FSC® C083411

Kolibri 360 GmbH
Ferdinand-Jühlke-Straße 7
99095 Erfurt, Deutschland
produktsicherheit@kolibri360.de